成就未来

[英] 汤姆·齐斯莱特（Tom Cheesewright） 著

吴艺蓉 译

Future-Proof
Your Business

中国原子能出版社　中国科学技术出版社

·北　京·

Future-Proof Your Business.
Copyright © Tom Cheesewright, 2020.
First published in Great Britain in the English language by Penguin Books Ltd.
由中国科学技术出版社 China Science and Technology Press Co., Ltd 及中国原子能出版社 China Atomic Energy Publishing &Media Company Limited 与企鹅兰登(北京)文化发展有限公司 Penguin Random House (Beijing) Culture Development Co,Ltd. 合作出版

北京市版权局著作权合同登记 图字：01-2023-4619。

图书在版编目（CIP）数据

成就未来 /（英）汤姆·齐斯莱特
（Tom Cheesewright）著；吴艺蓉译 . — 北京：中国原
子能出版社：中国科学技术出版社，2024.2
书名原文：Future-Proof Your Business
ISBN 978-7-5221-3161-0

Ⅰ . ①成… Ⅱ . ①汤… ②吴… Ⅲ . ①企业管理
Ⅳ . ① F272

中国国家版本馆 CIP 数据核字（2023）第 234006 号

"企鹅"及其相关标识是企鹅兰登已经注册或尚未注册的商标。未经允许，不得擅用。
封底凡无企鹅防伪标识者均属未经授权之非法版本。

策划编辑	李清云　褚福祎	责任编辑	马世玉　陈　喆
文字编辑	褚福祎	版式设计	蚂蚁设计
封面设计	马筱琨	责任印制	赵　明　李晓霖
责任校对	冯莲凤　张晓莉		

出　　版	中国原子能出版社　中国科学技术出版社
发　　行	中国原子能出版社　中国科学技术出版社有限公司发行部
地　　址	北京市海淀区中关村南大街 16 号
邮　　编	100081
发行电话	010-62173865
传　　真	010-62173081
网　　址	http://www.cspbooks.com.cn

开　　本	787mm × 1092mm　1/32
字　　数	83 千字
印　　张	7.875
版　　次	2024 年 2 月第 1 版
印　　次	2024 年 2 月第 1 次印刷
印　　刷	北京盛通印刷股份有限公司
书　　号	ISBN 978-7-5221-3161-0
定　　价	68.00 元

（凡购买本社图书，如有缺页、倒页、脱页者，本社发行部负责调换）

前言
PREFACE

我们先从一个噩梦说起。想象你正驾车沿着高速公路疾驰,突然你的车辆失控了。你意识到你的油门踏板卡住了,你的刹车失灵了。车速越来越快,小轿车和卡车迎面向你冲来,你拼命地想要避免撞车,开始在马路上打急转弯。恐慌漫上你的心头,你的脑海里飞快闪过各种求生对策。一步走错就可能大难临头。

如何才能逃过一劫?

每一位企业领导者每天都在面对类似的情况。我们都处在一个高频变化的年代。在当前大趋势之

下,全球化市场以及技术导致的商业摩擦降低,许多微小而快速的变化浪潮暗流涌动。这些高频浪潮正快速改变着方方面面,从消费品到大众文化,从企业体制到客户态度。它们的波及面往往很小,仅涉及一个部门或行业,甚至只影响一家企业。然而就在这些方寸之地,它们可能极具突破性。全球各地的商界人士都发现变化的速度日益加快,障碍丛生,企业要在当下和未来取得成功,就必须适应越来越复杂的商业图景。

那么,如何才能化险为夷?

高频变化的现象迫使从宝马汽车到英国政府等各类组织思考新商业模式,他们为此常常向我征求意见。本书浓缩了我与不同组织未雨绸缪、应对挑战时学到的经验。这些经验久经考验,能够改变企业的前景、行为甚至框架,为明天的不确定性枕戈待旦。

本书围绕着面向未来的组织的三个核心特征展开,这些特征与世界顶尖运动员的特征非常相似。

世界顶尖运动员为了应对他们所面临的挑战而锻炼自己的身体。他们训练比赛项目所要求的灵活性和力量。他们的身体轻盈柔软,能够游刃有余地应对激烈的体育竞争。你在你的组织里也需要建立类似的灵活性文化。你将在本书中学会如何切合时宜地重塑你的企业。在这个年代,适应明天的挑战比精益今日的条件更能带来成功。

成功的运动员不仅对周围的环境有深刻的认识,而且还有高度的战略意识。他们能够先于他人看懂比赛,并将这种理解转化为获胜的策略。想象一下

那些对于其身后竞争者的位置有着准确判断的赛车手吧,想象一下那些精确知道何时应该休息的马拉松运动员吧,或者想想那些能够斜传突破,然后将球传给一定会跑上前接球的边锋的足球运动员吧。这等先见之明对领导者至关重要。在本书中,你将会学到如何防患于未然。越能提早发现问题,就越有机会做好准备,带领你的组织转危为安,掌控你的经营环境。

获胜的运动员往往能够快速处理信息并做出正确的决策。他们眼观六路耳听八方,规划他们预见到的各种可能性。然后,他们做出决策,快速行动。你也必须这样,在企业中从善如流,快速响应外部刺激。

最能适应未来发展的企业大多具备灵活变通、

前言
Preface

先知先觉和快速响应这三个特征。我称这类企业为竞技型组织。通过运用本书中行之有效的工具,可增强组织的竞技意识。

  本书的第一部分讨论企业的结构。面对未来的挑战,如何像运动员那样快速适应,并灵活应对?在开篇提到的高速公路场景中,一辆操控性更好的汽车能大大提高你的存活概率。同样,应对未来的冲击,能灵活应变的企业胜算更大。全世界的企业领导者都知道,未来比以往任何时候都更加不确定。与一二十年前相比,现在的商业模式或许很快就将难以为继。因此,他们改变企业的结构,提高灵活应变能力。他们不再固守成规,转而打造能够不断适应新形势的企业,追求更可持续的成功。在第一部分中,我将说明构建企业的基本原理,使之能够

不断重新配置以满足不断变化的市场需求。

本书的第二部分讨论如何培养意识和远见,从而让你能够像运动员分析比赛那样分析市场。你需要明确短期、近期以及此后有可能发生什么。大部分企业对此茫然无措。只有将前瞻性工具和流程纳入你的日常管理活动中,才能使你的企业抢占先机。这既不费时,也不费钱,但必须持之以恒。前瞻性规划并非每5年或10年才考虑一次,而是每年至少需要考虑2次。在第二部分中,我将说明展望未来的不同方法,并就如何以及何时通过展望未来为你的企业提供最清晰的未来图景提出建议。

本书的第三部分讨论改善决策水平的不同方法。只有将未来的愿景转化为当下的行动,前瞻性规划才能发挥价值。随着组织不断壮大,权力会越来越集中，官僚主义盛行，信息流通受阻。用发明了"商业智能"❶（business intelligence）一词的霍华德·德雷斯纳（Howard Dresner，美国商业智能和信息管理专家）的话来说就是，面向未来的组织必须"当机立断"。我将在第三部分阐明如何加速你所在企业的决策过程，使其对来自客户和市场的即时信号更敏锐，更容易接受你为未来愿景制定的战略对策。

本书适合企业领导者以及希望成为企业领导者的人阅读，整个组织或其部分的管理负责人以及在

---

❶ 指用现代数据仓库技术、线上分析处理技术、数据挖掘和数据展现技术进行数据分析以实现商业价值。——译者注

某一职能部门担任高管职务的人也推荐阅读。尽管初创企业的领导者可以从中获得启发,但本书的目标读者并非初创企业的领导者,而是拥有数十名乃至数万名员工的成熟企业的领导者。成熟企业是已经建立成功的模式,但现在意识到如果要长盛不衰就必须做出改变的企业。

  没有企业能真正做到一帆风顺。有时候,冲击之巨大完全超出其承受范围。但是,很少有企业领导者能在为时已晚之前预见到冲击的到来。当冲击到来时,他们毫无招架之力。本书旨在帮助你预见即将到来的冲击,并为你提供快人一步做出反应的工具。我无法保证你的企业一定能化险为夷并做强做大,但我能帮助你大幅提高胜算。

目录
CONTENTS

第一部分　构建面向未来的企业

第一章　精益求精还是灵活应变　　/ 003

第二章　分层　　/ 011

第三章　职能部门　　/ 028

第四章　企业圆环　　/ 043

第五章　模型与现实　　/ 067

第二部分　如何预见未来

第六章　三视界　　/ 075

第七章　为什么面向未来的战略行不通　　/ 095

第八章　审视远期视界　　/ 105

第九章　近期视界：机遇与风险　　/ 119

第三部分　快速响应

第十章　一针见血、快速决策　/ 163
第十一章　赋权员工，各尽其才　/ 183
第十二章　当机立断　/ 204
第十三章　沟通变化　/ 213
第十四章　下一步　/ 232

第一部分

构建面向未来的企业

企业要制胜未来,意味着要转变成竞技型组织。建立竞技型组织首先要设计框架。但是应该采取什么样的框架呢?

我将在这一部分说明,如何从改变思维开始改变企业的框架。当我们从一个精益求精的年代,走向一个适者生存的年代,我们必须如何重置我们对领导力的期待。

有鉴于此,我们应该如何打造企业——尤其是复杂的大型企业——使其有备无患、灵活应变?这并非难事,我会告诉你怎么做。

我们先从原因说起,即为何过去的成功之道在未来行不通了。

第一章
精益求精还是灵活应变

管理一家成熟的企业关键在于精益求精。或者说，至少一直以来都是如此。

在理想状态下，作为领导者，你可以从企业的日常事务中抽身出来。你的工作重点是想方设法提高业务回报。提高收入、降低成本——无论如何，你都需要将企业的增长引擎调整至最佳性能。

评判领导者成功与否取决于是否满足这些期待，而评价绩效的时间周期越来越短。现在人们希望你的工作立竿见影。每个人都盯着下一个报告期——

无论是下一季度的还是年底的。如果数据不好看，那么你可能很快就会被辞退。在美国，近半数的大型企业首席执行官的任期不足 5 年。事实上，目前美国首席执行官的平均任期只有 5 年，自 2013 年以来缩短了整整 20%。英国也是如此。富时 100 指数❶（FTSE100）中的企业的首席执行官平均任期也只有 5 年，即使近年来人员变更速度略有减缓。

在大部分企业里，这种极端的短视主义和急功近利导致领导者很少有机会放眼长远，而是不求细水长流，只求立竿见影。

这影响了领导者的行为，使他们对日常运营之

---

❶ 英国富时集团计算并管理富时全球股票指数系列。——编者注

第一部分
构建面向未来的企业

外的机遇视而不见。企业同样深受其害。每一项资产、每一道流程都逐步被打磨成以短期内收益最大化为目的。企业变成一台只为优化今日工作的机器，而不是为了满足客户明日的所需。这是问题所在。这种方法可能在短期内卓有成效，也可能是企业当下的成功之道。甚至一些领导者可能在不得不离职之前，通过这一方法获得不菲的奖金。这终将导致严重问题出现。

在一个高频变化的年代，迎接挑战迫在眉睫。

高频变化是如今常态，个人和企业都深受影响。全球一体化，高速数字通信技术降低商业摩擦，二者共同催生出这一现象。这两个因素共同作用，产生了行业或企业近在眼前或正在经历的快速发展的变革浪潮。在一个低摩擦的环境里，能够以前所未有的速度

进行开发、扩大规模和销售流通,从想法和模因❶,到软件和硬件、消费品和服务。

这些高频变化浪潮往往不会造成广泛影响,它们不会改变我们生活的方方面面(巨大的跨社会变革才会如此,比如经济型轿车的问世,或者计算机、互联网的开发,其产生的影响还会持续数十年)。但在特定的部门内,高频变化可能是颠覆性的。结果是,产品和服务的生命周期开始缩短,作为其基础的业务开始走下坡路。因此,领导者突然被迫重新思考其发展的方式。可能在未来几年(而不是未来几十年)内,就需要提出一个成功的"登月计划"

---

❶ 指在文化传播中,以类似于基因的方式传递的信息单位。——编者注

第一部分
构建面向未来的企业

（即商业模式的根本性变革计划）。

🕒 与时俱进

跟不上时代变化的企业总是黯然退场。未能从畜力向内燃机进步的马车制造商被时代抛弃，但这一转变耗费了数十年。今天，企业可能只需要几个月，就会被近在眼前的高频变化彻底击垮。

要想避免这样的命运，需要做的不仅是拥有远见卓识和快速决策，这将在第二和第三部分重点讨论。更需要的是时刻准备就绪。这意味着要改变企业结构，使其焦点从精益求精转向随机应变。

🕐 两个玩具的故事

新的企业结构是什么样的?没有什么比喻比简朴的乐高积木更形象的了。因为除了一体压铸的玩具车和乐高玩具车模型,我尚未找到更好的方式解释因时制宜和臻于至善的区别。

想象你在圣诞节送给孩子一辆一体压铸的玩具车。他痴迷于法拉利玩具车,于是你送给他一辆漂亮的经典法拉利特斯塔罗萨(Testarossa)玩具车。它散发着深红色的光泽,车身线条流畅,完美复刻了真车,包括凹槽式侧吊舱,车内还有等比例缩小的方向盘和运动型座椅。你或许会说,这就叫精雕细琢。

孩子一度对这辆玩具车爱不释手。然而,它无

第一部分
构建面向未来的企业

法长时间地吸引孩子的注意力。几个小时、几天或几周后,他会厌倦在厨房地板上和桌子上玩玩具车,然后玩别的去了。这辆玩具车无法满足她的喜新厌旧——除非使用角磨机和大量胶水对玩具车进行大改造。

想象一下,如果这辆车是用乐高拼的呢?这个模型肯定不够精致。没有流畅的线条或完美复刻的车内细节。你仍然可以把它当成一辆法拉利特斯塔罗萨乐高法拉利玩具车,但只算是凑合,车身用榫头拼装起来以防散架。这辆玩具车也能令人满意地在地板和家具上跑动。但至关重要的是,等孩子玩腻了,就能把它拆成零件,然后重新组装成新造型。刚才还是跑车,摇身一变就成了快艇或宇宙飞船,狮子或恐龙。相较于改造一体压铸的玩具车,改造乐高玩具车的精

力和时间简直不值一提。只需要几分钟，同一堆积木就能重新组装成截然不同的新模型。

一家灵活的企业，能随机应变以满足客户和市场不断变化的需求，这和乐高积木有异曲同工之妙。就像那辆乐高玩具车，没有一体压铸的玩具车那么精致，线条也没那么流畅，这家企业可能效率低一点，利润也不那么高。企业中相当于榫卯的机动部分有成本也有管理费用。但是这种像拼搭积木一样组装起来的企业更有韧性。更能经受住经济、潮流和客户需求的变化。而且能够更快速地开发新市场和新服务。

因此，企业及其领导者必须做出选择。你希望在今天的经营环境中出类拔萃，还是希望能灵活机动、适应明天的环境？鱼与熊掌不可兼得。

如果你追求事业长青，那么就往下读吧。

第二章
分层

如何将战略比喻落实？如果企业转型的框架要广泛适用于各种类型和规模的企业，就难免有点松散。但是我将在这里阐述方法，即分层，它将为面向未来、随机应变的企业提供一个总体模板。

我在 2008 年金融危机之后就开始研究分层模型。在随之而来的政府削减投资期间，英国各地方政府都不得不厉行节俭，不少地方政府削减了半数及以上的资源。一位执行紧缩政策的地方政府的首席执行官找上了我。他聘用了一个咨询企业帮他调

整组织结构，以满足新的预算限制。他知道，如果严格执行顾问的建议，他们确实可以维持运营，但他也明白，调整之后该组织的结构将不再把满足现代环境需求作为首要原则。这就是他给我出的难题：从零开始设计适应 21 世纪的地方政府。

与普遍的看法相反，现代地方政府与成熟的大中型企业大同小异。二者都面临技术老化、内部斗争、盘根错节的官僚主义以及复杂的沟通和管理结构等问题。二者往往都在领导者的努力下团结起来，他们凭借自己的聪明才智和辛勤工作，几乎掩盖了这些矛盾。在为地方政府进行重新设计之后，我快速意识到为地方政府打造的这些框架和原则同样适用于私营部门。随着时间的推移，这些原则逐步完善，主要是通过与企业的互动来实现的。

第一部分
构建面向未来的企业

掌握分层框架首先要理解一个基本原则：在未来，庞然大物永远敌不过网络。

🕘 网络打败庞然大物

在以前，如果你想提高组织的效率，那么理所应当会将各部分尽可能紧密地连接起来。这意味着让不同职能部门在同一屋檐下办公，无论是物理意义上（所有人在同一办公场所），还是在法律意义上（所有人都隶属于同一经营实体）。现在，沟通和互动的障碍已大大减小。每个人名义上都在朝着同一个目标努力。关于每个人的职责，合同上一目了然。为确保企业取得成功并使我们自己的职业发展从中受益，我们大部分人都在职业生涯的某个阶段做了

分外的工作。

20世纪90年代至21世纪初,外包服务的增长显示了这种做法的价值,但也预示了它的衰落。在互联网泡沫时期,资本雄厚的企业将大量的电信基础设施用于建设网络。这大大降低了全球通信中的摩擦。随着文件和流程日益电子化,企业能够轻而易举地将行政和客户服务流程外包海外,从而降低成本。而许多国家拥有大量年轻、高学历的劳动力,随时准备着承接这些任务。

二者似乎一拍即合,许多企业也积极采取这一战略。但这一时期的外包浪潮大多只是为了优化成本。因此,不足为奇的是,当工作由报酬较低的远程工作者完成时,质量往往不尽如人意。游离于企业架构之外,工作激励有限,这些不集体工作的员

第一部分
构建面向未来的企业

工难免对其代表的品牌价值没什么认同感。由于他们和最终客户之间隔着许多"繁文缛节",双方之间的联系是脱节的。

尽管如此,在此期间许多企业还是剥离了不属于核心竞争力的活动。他们发现,如果流程处理得当,且精心设计发包企业和外包企业的分工合作,那么大多数沟通都会很顺畅。再也没有必要由单个法律实体统揽所有的职能,更不用说所有职能部门都在同一所建筑物甚至同一个国家内办公了。

以互联网为基础,改进的数字技术和共享的全球文化相辅相成,创造了一种新环境。只需开发与核心价值命题❶(proposition)相关的能力,你就

---

❶ 计算机术语。——译者注

能打造一家成功的企业。除此之外，一切均可按需采购。

在第二波互联网浪潮，即 Web 2.0 中，API（应用编程接口）的广泛共享又为这一趋势推波助澜。API 使两个软件能够在无须人工操作的情况下相互通信。从 21 世纪初开始，Salesforce[1] 和易贝（eBay）等大型互联网企业开始向其产品开放 API，允许其他人在这些平台上编写程序，并调用其数据和服务——有免费的，也有收费的。这使得这些企业和其他企业能够基于其核心命题共同构建起巨大的应用生态系统。这改善了它们自有的命题，并创

---

[1] 一家客户关系管理（CRM）软件服务提供商，总部设于美国旧金山。——译者注

第一部分
构建面向未来的企业

造大量新路由吸引客户。它们无须投资开发其核心业务之外的缝隙[1]任务,就能实现这一切。在这些平台上构建应用工具的企业也是如此:它们不再需要建造太多的"后端"(back end)——对于产品的运行必不可少,但客户却从未见过的枯燥之物。相反,它们可以只在现有命题的基础上稍稍增加一层价值。正是这种价值的分层首先使我想到了"分层"一词,正如你将在后文看到的,"层次(layer)"这一概念在这一模型中非常重要。

今天,你能找到大量接入易贝应用市场的应用程序,用于创建和管理清单。Salesforce App-

---

[1] 指市场不大、针对性强、专业性高的产品或服务。——译者注

Exchange[1]提供成千上万用于管理合同、市场营销、客户引导等的应用程序。每一个大型软件平台都有自己的小型供应商生态系统,而且往往彼此重叠。

越来越多数字优先的企业承担了20世纪90年代曾由大型外包企业承接的工作类型。现在它们可以通过API而非电话或传真接收指示。可以自动发送文件到其他企业,要求用专业软件或者人工团队执行其特定的职能。

以今天我的企业的审计流程作为一个小小的例子。每当我的企业有所开销,我都需要拍下发票并发到我的发票处理应用程序收据银行(ReceiptBank)

---

[1] AppExchang 由 Salesforce 官方维护,是自定义应用程序发布,类型是共享中心。——译者注

第一部分
构建面向未来的企业

上,后者会使用光符识别(OCR)软件读取发票,然后将详情插入我的云会计软件会计录(Xero)中。只有例外情况需要人工处理。

大部分时候,我甚至都不用拍下发票。对于火车票等我频繁购买的网购项目的发票,我的谷歌邮箱会识别我收到的发票,并自动将其发送到收据银行。我的外包记账员每个月都会给我发一次附有云文档的邮件,他对我当月交易的所有疑问都写在文档里。这些是自动系统处理不好的例外,或者更有可能的是,我忘了添加发票。通常这种例外总共不会超过10个,只需要我花几分钟更新云文档就行。系统将会通知我的会计师我已进行修改,并更新了相应的账目。

诸如此类的流程正在世界各地大规模地进行着,

进一步减少外包过程中的摩擦,这让我得出一个显而易见的结论。除了个别关键例外,在同一个法律框架下保有核心职能以外的任何职能都不再具有明显的经营优势。如后文所述,或许还有其他原因,但上述此类网络化运作效率惊人。

网络的一大优势是灵活性。过去的外包合同可能很复杂,一签就是好几年。一旦失败,人们可能需要花费巨额的法律和咨询费用来摆脱困境,所耗费用不亚于最初签订合同的费用。今天的外包已经完全不同,因为传输数字化工作、文件或数字化处理的成本和复杂性都大大降低。当然,大型、复杂的外包协议依然存在,但许多网络化的业务协议能以比过去快得多的速度创建或结束。

这并不是说网络化的企业就能高枕无忧。举例

第一部分 构建面向未来的企业

来说,你要如何确保质量和一致性?如果一个合作伙伴猝不及防地关闭,该怎么办?如果你接入其他服务的 API 出现变动,你该如何处理?

对于这些问题,部分的回答是不要外包任何职能,而是以各职能松散耦合、相互外包的方式构建你的企业。把它建成一盒乐高积木,而不是一辆一体压铸的汽车。如此一来,即使所有职能单位都处于同一法律框架之下,也能拥有灵活性的优势。一些采用"共享服务"方法的企业率先发现了这一优势。

灵活变通的结构:共享服务

英国共享服务论坛(Shared Services Forum)将为同一目标奋斗的各种组织聚集在一起,它们都

致力于将企业支离破碎的职能统一起来。举例来说,你可能将企业里所有的人力资源或财务职能都集中到一个单位里。一旦做到这一点,可能会明显节约成本,但最重要的是有机会改善流程、激发创业和灵活变通。

当你需要改变企业结构以满足未来需求时,调动一个完整的单元(而非分散的职能)要容易得多。如果你想将这项服务推向市场,它还可以作为一个单一的项目。擅长人力资源还是财务?为什么不在其他组织或同一个集团的其他部分也推行这一做法?反之亦然:如果其他企业的职能部门能完全契合你自己的系统,何不直接拿来主义?

在人们看来,共享服务的首要功能是节约成本,

第一部分
构建面向未来的企业

但采用该模式的企业都受益匪浅。共享服务提高了企业的透明度,减少了摩擦,使相关职能更具适应性和针对性。

——莉萨(胡利)·爱德华兹 [Lisa (Hooley) Edwards],英国共享服务论坛,合作发展董事会董事

共享服务模式并非灵丹妙药。爱德华兹指出,这一举措背后的驱动力往往是为了节省成本,其导致的商业决定可能无法提高灵活性,比如过度集权。只有具备正确的动机和思维,才能让共享服务成为一种经得起未来考验的举措。各职能必须拥有创业的自由,这些服务与组织之间的对接必须精心设计,尽可能减少摩擦。简而言之,如果你尝试采取共享服务仅是出于财务原因,那么你就回到了优化的旧

思维上，而非聚焦于提高灵活性。

老好人和坏组织

所有企业都是内包与外包职能的混合体，仅取决于你如何确定"你的"企业的边界。设想你的企业与各部分都有交集，上游是你的供应链，下游是你的销售和分销渠道。一侧是你的财务合作伙伴、银行和投资人；在另一侧，你寻求营销、法律和审计方面的服务。没有这些合作伙伴，你真的能创办企业吗？因此，当你在为你的企业划分边界时，如何取舍？

提高灵活性的关键挑战在于，无论这些职能是内包还是外包，都要确保其结构灵活机动。这特别

第一部分
构建面向未来的企业

强调各职能之间的对接。了解各职能的输入和输出，确保相互之间信息沟通流畅，这在很大程度上决定了组织的应变能力。人们往往在谈崩之后才会走出来消除隔阂。

老好人总是克服流程缺陷，保持体系正常运转。在他们举手投降高呼搞不定之前，他们往往已经尽力维持了数个月甚至数年。有时他们保持沉默。他们只是默默处理流程缺陷，将其视为工作的一部分。但这埋下了隐患，这也是为何我会说老好人是组织中最大的风险，因为他们掩盖了结构的缺陷。老好人总是供不应求。当他们跳槽去更好的工作岗位，或者单纯因为压力离职，一切就迅速分崩离析。

老好人掩盖流程缺陷也会使组织变得不透明。当流程只存在于某人的头脑中时，很难对其进行分

析。当组织依赖于靠个别人的努力和善意才能保留下来的、未文档化的非正式信息流时，组织难以进行管理，更难采取改变。这种做法经不起未来的考验。

很明显，你也希望招几个老好人进来。但是，指望靠他们兢兢业业帮你渡过难关而没有良好的工作流程予以支持，这种成功不可持续。确保你的企业文化让所有人敢于指出流程缺陷，尤其是交流不畅的问题。让他们相信问题一定会得到解决。

你打算怎么做呢？作为一名领导者，你必须闻过则喜、直面挑战，表现出倾听意见和解决问题的意愿，比如：

- 给员工创造对失效的流程提出反馈意见的机

第一部分
构建面向未来的企业

会,可以选择匿名。

● 与同职位的其他人交流意见,给问题定性。问他们是否有过类似的经历。

● 如有,那么对问题进行量化,方便了解其影响程度。

● 有了这些信息,你就可以制定一个清晰的投资商业案例。

无论调查结果如何,将所有信息都反馈给团队。做到完全透明:你研究了问题,权衡了证据,然后做出了决策。这会鼓励人们继续反馈,强化广开言路的文化。

第三章
职能部门

今天,大部分大型或成熟的企业都是大包大揽。尽管他们会有合作伙伴和一些外包职能,比如元件供应商、审计师或物流搬运工等。但是大部分企业仍在同一法律框架下履行许多职能:财务、人力资源、市场营销等。分层就是为了将这种不可分割的整体转变成网络化结构,而第一步需要确定各部门的职能。

第一部分
构建面向未来的企业

你有哪些职能部门

在你的企业里,可切分的最小单位是什么?企业的职能部门是什么样的?理解了这个,你就能确定改革后的网络化企业的单个节点。

从许多方面来说,每一个职能部门都可以作为一个企业。你可以使用类似亚历山大·奥斯特瓦德[1](Alexander Osterwalder)的商业模式画布的工具,按照类似的方法规划初创企业,已有许多初创企业以商业模式画布为起点获得成功。就像初创企业一样,你的职能部门将比成熟企业简单得多,后者充

---

[1] 商业模式创新领域的作家、演讲者和顾问。——译者注

满错综复杂的历史遗留问题。每一个职能部门执行一项明确的职能，简单地输入和输出，并能根据其绩效进行评估。职能部门根据其职能来定义。

这听起来很简单，往往也确实如此。但是理论上的简单易行落实到实践上常常复杂多变，尤其是当理念撞上根深蒂固的组织结构图和真实的人类。特别是在规模较小的企业里，一人可能身兼数职。我们不能把这个人分成整整齐齐的几块。但是在这里我们要切分的是流程，而不是人。

抓住核心职能

什么是核心职能？你能立刻简单描述一项工作吗？每一项你都可能将其视为产品或服务。如果你

第一部分
构建面向未来的企业

可以简单地进行描述,就能将其卖给其他人。让我们以当下已经大量外包的送货服务为例:你付钱请某人从你这取走一件物品,按照你要求的小心程度和其他规定,将其送至你指定的目的地。

那么企业内部有什么例子?比如招聘?你可能要求人力资源部门根据职位要求提交应聘者名单。然后人力资源部门可能将这项任务交给招聘机构。开销流程也能这样吗?或者采购?这些都是常常被重新打包给外包机构的内包职能,这样我们就知道这些职能内容明确。

这些流程中的每一项,甚至是企业中的所有流程,都围绕其核心职能输入和输出。要将你的组织拆解成职能单位,首先要明确这些输入输出以及核心流程本身(见图3-1)。

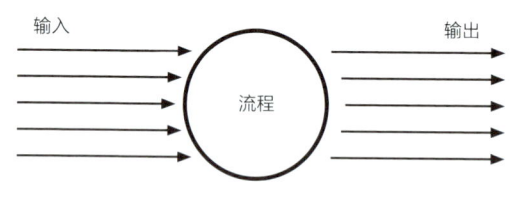

图 3-1 输入、输出与核心流程

输入和输出可能包括什么？表 3-1 中有几个例子：

表 3-1 输入和输出

输入	输出
客户咨询	客户咨询解决方案
供应商发票	支付
装货单	拣货订单和打包订单

输入和输出就是相关职能与企业其他部分对接的节点。正是这些节点使企业得以运转。但是仅对接并不够，各职能内部的运行也需要一定的透明度。

第一部分 构建面向未来的企业

管理需要交流。这里就需要用到指标：你需要根据指标评估职能的运行，确定其是否表现良好（见图3-2）。

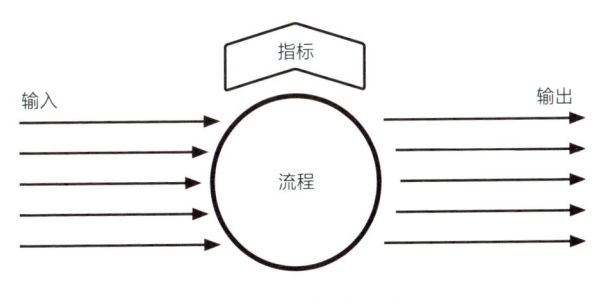

图 3-2　指标的运用

必须清晰定义这些指标。

- 你要评估什么？
- 评估的单位是什么？
- 使用什么机制对单位进行评估？

目的是对异地和远程职能的运行有所了解，获得足够的信息判断其运行良好还是遭遇困难。你肯定不想评估太多项目，你也不会希望汇报任务严重影响到相关职能的运行。

理想状况下，指标应融入日常活动，可以从单位的运行体系中自动提取。只有一项忠告，确保评估的项目转化成价值，或至少与价值相关。仅评估吞吐量往往是不够的。价格也是如此，只要看看受价格激励的采购部门就知道了，如果一味追求低价，那么他们采购的物品将不符合需求。关键在于，要根据企业所期望的结果设计相关职能的输出：他们的工作如何影响企业目标的实现？

为改善该职能单位的情况，我们需要多问几个问题：

第一部分
构建面向未来的企业

依赖关系：在当前的形势下，该单位是否依赖其他部门履行其职能？即除了输入和输出，它还依赖什么？举个例子，它可能依赖可以作为部门单独划分出来的一整套企业内部服务，比如人力资源、信息技术、营业场所等。它可能还依赖一些关键的外部供应商，比如软件、服务供应商，或者与英国税务海关总署（HMRC）等机构的联系。或许它已经依赖某些外包企业完成其核心职能了。

竞争对手：该职能还可能遭遇哪些竞争？在企业内部还是外部？这种竞争来源于意料之内的外包合作伙伴，比如营销代理机构或业务流程外包（BPO）供应商，还是来自完全由软件驱动的自动化？

直接客户：如果该职能本身就是一项服务或产品，那么它是否还有潜在的客户？或许客户就在企

业内部、集团内部，或者全部都是外部客户。客户具体都是谁？有市场吗？提示：现有市场和竞争市场的出现是好事而非坏事。这意味着已经有人验证了这一商业模式，并且让市场了解其价值。

成本归属： 如何支付该单位的费用？它是否直接增加了商品或服务的价值？在企业对最终服务或产品的定价中，该职能的成本占比多少？

收入模型： 如果该职能要收费，无论是在内部交叉收费还是为其服务收费，应该收多少？该由哪个单位定价？

单位拆分从何下手

明确上一节中提到的各项，这样做通常会重点

第一部分 构建面向未来的企业

显示企业的一些问题。以下是一些需要注意的事项:

缺少指标:我经常发现领导者和管理者缺乏有效的方法评估组织内不同单元的绩效,尤其是没有预算或利润压力的组织。通常情况下,只要不差钱,就很少提出尖锐的问题。制定指标、确定获取和显示指标的方式至关重要,各方均能受益,领导者可以针对例外进行管理,各单位及其负责人能够更加明确重点。风险在于,所选指标以及评估方法一旦有误,激励措施将偏离真正的业务目标。

缺少一致性:在20世纪90年代,人类学家罗宾·邓巴(Robin Dunbar)认为,人类能够维持的稳定社会关系数量是有限的。当组织规模超出"邓巴数字",即150人时,组织开始丧失一致性。单位开始偏离核心业务目标,个人忘记了其工作的目的。

正如我经常指出的那样，没有人会每次上班都看一下自己的工作说明。事实上，他们或多或少重复昨天的工作。久而久之，就会导致完全的错位，这就是缺少一致性。

成本不清晰：利润丰厚或资金充足的组织尤其不擅长识破成本谎报，或者搞不清真正的利润来源。一旦你开始以单位为基础进行估算，就会发现业务成本未正确归属以及利润与客户真正看中的服务无关。

🕐 人类和机器

当你开始研究外包的下一阶段：由机器自动完成工作时，就能明白将流程与人分开的重要性。关

第一部分
构建面向未来的企业

于未来的工作形态以及机器人是否会抢走我们的工作,引发了很多讨论。但机器人并没有抢走工作。人类极其复杂且灵活。几乎每一项工作都包括一系列不同的活动:解读说明、与同事交流、回答询问等。机器人或许能执行其中一项职能,甚至是核心职能,无论是对账还是对车身进行点焊。但是一台机器人不太可能同时顺利完成所有职能。

与其说机器人抢走工作,不如说它们承担工作。通常一台机器人只能执行一项职能,这不过是工作日诸多任务中的一部分。事实上,一台机器人可能承担团队所有工作的20%或30%,结果是你可能需要将团队收缩20%或30%。

随着机器人自动化与利用技术增强人类能力的可能性日渐提高,我们必须改进对人类工作的理解。

否则，我们将无法理解在哪些工作中人类能带来巨大的价值，哪些工作让机器来做更合适。甚至我们将永远都无法理解如何才能将人类从行政和苦差中解放出来，从而创造更多价值。

有时，在执行程序的过程中，你会发现很难将某种人工正在进行的流程以机器能够重复或外包给第三方的方式讲清楚。这可能意味着以下两种情况之一，这种难以描述的流程或职能要么非常有价值，要么毫无价值可言。两种可能性应一视同仁，切勿先入为主。并非所有流程都能严丝合缝地融入框架，其中一些可能对你的成功至关重要。

务必注意，开展这项工作并不必然意味着要进行外包。自营这些职能单位仍有优势可言，而诸如共享服务等模式能使其更加灵活机动。但这些优势

第一部分
构建面向未来的企业

必须清晰可见。若缺乏这种深度和洞察力,各单位的绩效往往会被整体的成就所掩盖。

🕒 筹划单位

在许多大型组织中,将各职能重组几乎是个不可能完成的任务。这种"大爆炸"式的变化可能会使组织耗费数年时间,结果还往往差强人意。事实上,成熟的组织应采取循序渐进、共享、迭代的方式转变。

循序渐进意味着不要指望毕其功于一役,但我们不禁要问,应该从何入手?答案是,从面临风险挑战的地方入手。我将在随后的章节中帮助你确认企业中的压力点。从压力点入手,一针见血。共享

指的是各职能的整合应由领导该职能的人进行。如果从外部进行整合，那么关于输入和输出（尤其是指标）的意见可能对相关团队造成负担。应允许他们更清晰地定义自己的职能，这可以非常好地帮助他们理清思路，使其摆脱老一套的流程和一切照旧的心态。

第四章

企业圆环

一旦你将企业分解成职能部门,如何将其重新组合成一个完整的经营实体?大部分企业最后都变成等级制架构,并常常将客户置于等级体系的最底层。

我建议换一种方式。在与委托人共事时,我发现想象把企业分解成一系列同心圆多有裨益(见图4-1)。此处的圆环根据目标的连贯性以及彼此之间协调的需要(无论是通过语言、设计还是数据)进行定义。在相关圆环中填入职能,找到减少摩擦的机会,无论是减少内部重复工作,还是减少企业与

客户之间的摩擦。

客户才是所有圆环的中心。这种可视化有助于抓住重点。

有些企业可能跨越两三个圆环。个人企业可能并不包含全部的层次:部分可能由你的工作网提供。

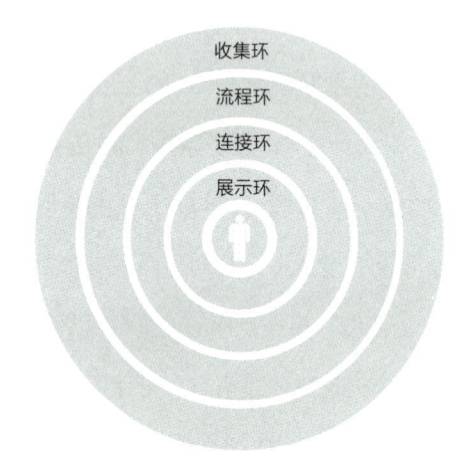

图 4-1　企业圆环

第一部分
构建面向未来的企业

有四层主要的圆环:

展示:展示环整理其他圆环的输出,并以通用语言向客户展示,尽量减少互动中的摩擦。展示环也是信息从客户流入企业的地方。

连接:连接环在流程与展示环之间架起桥梁,确保不同流程环节之间数据的一致性。在实际操作中,这通常是你的数据基础设施,但也表示管理流程和确保高效沟通的互动。

流程:大部分重要业务发生在流程环。它表示所有核心业务职能(产品开发、制造、财务、人力资源)部门或必须从客户关系中抽离出来的部门。务必注意,如果你向企业边缘部门下放权力——其中大部分与客户有关——那么部分流程职能可能会被纳入展示环中。换句话说,部分当前可能属于后

勤部门的职能，或许应该由直接服务于客户的人员或体系执行。

收集：这是组织与外部世界和其他组织对接的地方。这主要是服务和产品的接入点，比如供应链。

我们先从企业圆环的中心，即客户说起。为何要将客户置于中心？许多企业都自称"以客户为中心"，这是为了和"以产品为中心"区别开来。以产品为中心的企业被视为固守传统思维，因此企业往往以创新想法为基础，然后围绕着为产品寻找可接受的受众而构建。以产品为中心的企业被视为以可能性为导向，其产品往往使产品设计师为之兴奋，却不一定是客户实际需要的。

许多企业，包括我曾经创建的一家企业，都建

第一部分
构建面向未来的企业

立在一个看似巧妙的点子之上,但后来却焦头烂额地寻找市场。这也是为何那么多创业媒体都在大谈特谈"产品市场定位"和"转型"。当创始人承认其奇思妙想无法让受众买单并决定另辟蹊径时,才能迎来转型。

另一方面,企业家亨利·福特(Henry Ford)有句话说得好:"如果当年我问客户他们想要什么,他们肯定会说想要一匹跑得更快的马。"以客户为中心的企业如果一切开发都以客户为准,就可能面临创新不足的风险。如果他们只在客户反馈的基础上小修小补,如何才能捕捉瞬间的灵感,实现跨越式发展?

现实是,所有成熟的企业都必须平衡以客户为中心的创新和以产品为中心的创新,才能实现远超

客户想象的跨域式发展。然而为使企业日常经营一帆风顺、无往不利，客户必须位于企业工作的核心，尤其是在这样一个方兴未艾、日新月异的低摩擦的时代。你与客户的联系以及客户对你的信任，或许是你与同行之间在市场周期各个阶段唯一的不同之处。这种客户关系能帮助你度过竞争激烈的时期。这或许会成为关键的灵感之源，帮助你更快推出迭代创新，在竞争中脱颖而出。

正确设置面向客户的圆环，还能大大降低组织内部运作的摩擦，帮你腾出时间，在战略和产品思维方面实现更大的飞跃。

那么，这个圆环是什么样的？

第一部分
构建面向未来的企业

🕒 展示环

展示环旨在确保与客户交流时所用语言、语调、设计、文化和数据前后一致。

这些因素的前后矛盾是客户关系产生摩擦的主要原因,并在组织内造成代价高昂的连锁反应。全球管理咨询公司麦肯锡2014年进行的一项研究发现,客户在全程用户体验的满意度,比任何单项互动对客户整体幸福感的预测高出30%。更重要的是,该研究发现善始善终的客户体验能降低服务客户的成本,最高能降低20%。Gartner[1]信息技术服务管理副总裁杰克·索洛夫曼(Jake Sorofman)表示:

---

[1] 美国的一家信息技术研究分析企业。——译者注

"在客户体验这场游戏中,我认为善始善终远胜一时的好评。"

想一想当下面临的客户触点的多样化,可以看出,确保客户体验善始善终是一项日益严峻的挑战。如何在广告、媒体报道、社交媒体、口头表达、会议报告、展销摊位、宣传资料、合作文献、电话营销、销售终端、电商清单和网站等使用统一的语言?这些触点都是在你将潜在客户转化为客户之前就已经存在的。因此,你与客户的每一个触点都应被视为企业圆环中的一部分,该企业圆环中的每一个职能都必须统一标准。

该企业圆环中的各职能单位在下述领域都必须遵循同一标准:

第一部分
构建面向未来的企业

设计

它是最大限度提高客户转化率、尽可能降低自助服务摩擦的关键工具之一。在无障碍设施和克服残疾或语言问题上,设计起着举足轻重的作用。正确的设计有助于消除销售障碍,降低客户服务成本,提高客户的品牌忠诚度。在我与 Salesforce 于 2016 年进行的研究中,我们向电商客户询问了促使他们保持忠诚度的因素。我们没有特别提及设计问题,但仅次于价格的因素都与降低摩擦有关,比如简易支付选项、快速送达、备有适量的库存等。这些预期具有高度的可迁移性:我们为消费者生活构建的事物,塑造着我们在商业环境下的行为。

语言

随着组织的不断发展和各职能之间的联系日益

松散，其使用的语言逐渐分化——就如同国家和大陆一样，不同的地区形成了各自的乡音或方言。这可能使客户不知所措，内部沟通也产生了障碍。数据库就是一个常见而简单的例子。当委托人实施数字化转型计划时，常常发现多个内部数据库在不同的字段标题下储存同样的信息，导致整合与互相操作困难重重。各企业圆环之间用于描述产品和服务的语言（甚至包括要求客户填写的表格上的每个字段）必须保持一致。

语调

显然，整个企业不同部分的语调需要有所变化：当你一开始吸引客户时，不必使用追坏账的语气和客户交流。但法人人格必须保持一致，避免在互动时前后矛盾。这包括设计、培训、呼叫中心话术、销售行

为等方方面面。这对于提升品牌形象至关重要。

展示环包含哪些职能？你可能会惊讶地发现，这个圆环中存在 5 个或 5 个以上不同部门的元素。每个部门可能包含许多不同的职能，这取决于你将这些职能分解到什么程度。简而言之：谁直接面对客户？

● 销售：电话销售、现场销售、售前咨询、客户管理。

● 营销：电子营销、电子邮件活动、网络、社交媒体、公关或媒体关系、设计。

● 经营：物流或配送、退货、第三方快递服务。

● 支持：客户服务、技术支持。

● 财务：订单到收款、债务管理。

时刻记住所有这些职能对维护客户关系的重要性，尤其是当你遵循第三部分建议的模式，向企业边缘部门下放权力时。上述各职能都可能率先与客户产生接触。如此一来，你肯定希望他们的行为举止与圆环上的其他职能保持一致。将所有这些流程视为一个连贯整体的一部分，这有助于你为企业边缘部门的人员制定规则、划清界限。

连接环

2013年，我曾与一位开展数字化转型计划的委托人交谈过。他告诉我，他的企业使用47个不同的"核心"软件平台。不是47个电脑程序或手机应用程序，而是47个不同的专门软件平台，供企业不同

第一部分
构建面向未来的企业

的业务部门和职能部门使用。每个软件平台的模板基本一致。每个都有数据库,塞满了有关客户、服务或财务的信息。这些数据库还设置了五花八门的界面,允许企业不同职位的员工进行数据交互。

当时我觉得这太离谱了。大量相同的数据被多次复制,导致效率低下、风险上升和客户服务不佳。但后来我得知该企业是在相对统一的系统上运行的。我见过有的企业有47种不同的系统,只为向客户计费。我还见过有些企业的领导者已经记不清软件平台的总数,因为平台数量接近4位数。

连接环表示这些系统的整合。没有业务职能,只有业务系统。但是,你可能选择某职能在名义上负责管理该层次上的这些系统。

连接层次至少需要统一的数据模型,这样才能

使每个人都使用相同的术语处理数据。最终的目标是建立一个包含企业所有数据的服务器,尽管这并非总能做到,甚至出于种种原因,企业也不愿意这样做。整合服务器可能耗资不菲,以至于性价比过低而无法通过业务论证。将企业数据分类归入不同的系统可能还会引发关于隐私权和数据安全的争论。

正确的做法是有的放矢。在连接环建立一致性的好处是什么?这可能包括:

- **降低内部摩擦**:整合或至少连接数据,能降低重复录入的次数,削减行政成本,加快内部流程。
- **降低外部摩擦**:更清晰的数据模型能使客户服务更快捷、更准确。
- **降低风险**:如下文案例所示,数据不准确

第一部分
构建面向未来的企业

（尤其是不断重新录入）本身就有巨大的风险。

● **透明度和分析**：单一、共享的数据模型能够大大提高企业内的透明度，对支持战略和经营决策提出更多洞见。

在最近几年，许多企业毅然决定彻底重建数据库，将其存储进单一的数据湖❶或数据仓库❷。这往往并非必要，只要系统之间能互通就行。试图将47个大同小异的系统连接起来可能只是白费力气。我们

---

❶ 数据湖是一个以原始格式存储数据的存储库或系统。它按原样存储数据，而无须事先对数据进行结构化处理。——译者注

❷ 数据仓库，是为企业所有级别的决策制定过程，提供所有类型数据支持的战略集合。——译者注

确实需要某种程度的整合，但如果你只有少数几个系统，只要它们设计合理且现代化，那么它们通常能够高效地沟通和共享数据。即使系统有点老，机器人流程自动化（RPA）平台通常也能另辟蹊径将系统连接起来。举个例子，有些系统可以插上键盘和监视端口并充当虚拟人，以非常类似人工的方式在各系统之间切换数据。

在你投资叉车式更新❶（forklift upgrade）之前，可以先从上述一般准则开始，再具体问题具体分析。比如，我的一位委托人从事采购工作，曾因数据重新录入导致严重的混合事故。有人在数据库录入包装尺寸时漏写了一个零，数据库显示每个包

---

❶ 即用新设备取代旧硬件。——译者注

第一部分 构建面向未来的企业

装含有 10 件相关物品，但实际上每包含有 100 件。还有人误解了收到的订单，本来只需要订购 1 盒，结果他订购了 10 盒。原本的订单只需要 10 件，结果他订购了 1000 件。

这个例子形象地说明了需要人工重复录入数据的订单处理系统所固有的风险。

流程环

流程环里主要是不会与客户直接接触的后台职能以及经营管理。务必注意，在许多方面，你的战略管理都处于企业圆环之外，其战略高度使你能够清楚地监督日常发生的事情。

流程环里的职能包括：

- 财务：预算、预测、报告、工资单。
- 人力资源：招聘、职业发展、员工福利。
- 经营：制造、仓储、库存控制。
- 生产：研发、新产品开发（尽管这很可能涉及与客户的互动，因此可能横跨两个圆环）。

流程环既包括企业独一无二且高度专业化的职能，又包括企业可自有也可外包的高度普遍的职能。再次重申，一致性至关重要，但流程环主要关注的是目标和文化的一致性。

收集环

收集环是你的经营活动与价值链上下游供应商

第一部分
构建面向未来的企业

对接的地方。这里的边界多少取决于你：在网络化的企业里，为何要把价值链下游三步之外的、距离最远的零售商视为你组织的一部分？但为理智起见，我们需要划清界限，收集环便是这一界限。

该圆环内的核心职能包括上下游物流、采购、应付账款等。

再说一次，一致性至关重要。网络化企业成功的一大因素是，最大限度降低网络中各个节点之间对接点的摩擦。收集环很可能包括企业一些关键互动，随着商业环境的日渐复杂和多元化，你还有可能在这里产生更加频繁的互动。因此，为降低摩擦，必须对这些互动进行投资。

这越来越意味着，确保人们能够以最数字化的方式与你共事：通过某种形式的 API 或者其他电子

数据交换。

企业圆环的不足之处

即使你为整个企业完成一整套单元模板,并将其整齐地组装进企业圆环中,你可能还是会发现不足之处。比如理解上的差距,单元之间凝聚力不足以及更常见的各单位及其工作人员的能力差距。

需要注意的关键不足之处包括:

你的技术基础设施是否支持各单位之间进行低摩擦的互动?要了解这一点,有一个好办法是看看各单位之间的电子邮件流量和通话。在有些地方,我甚至只要看看有多少人在办公楼的楼层之间穿梭,与其他业务线的同事交谈,就能确定问题所在。

第一部分
构建面向未来的企业

企业文化是否有助于提升创业领导力？了解内部职能之间的合作程度不仅事关经营，更事关战略：比如，财务团队是否为市场营销团队提供数字处理能力支持？是否有职能单位与其集团内部或外部的其他客户共享服务？

你是否授予相关人员各个单元的所有权，并以半自治的形式经营这些单元？有无表现活跃的思想领袖担任企业的基层领导职务？如果都是肯定回答，这就是一个很好的标志，表明人们已经准备好超越。

更有可能的情况是，你将根据企业圆环，每次增设一个单位。如此一来，你会发现新的问题层出不穷。与外部提供方进行比较时，相关单位是否有竞争力？若没有，整合带来的效益是否大于成本？请记住，外包在实际操作中并不像理论上那么低摩

擦，因此除非首先改善内部互动，否则外包难以"药到病除"。

即使你并未将这一模型作为重新思考企业结构的基础，其仍是不可多得的分析工具，有助于填补知识空白、暴露缺失的指标，确定企业工作流程中的高摩擦点。

🕐 人文关怀

在描述企业圆环及其中各圆环时，我谈了很多技术问题，尤其是对接点。但我没怎么谈论人与人的沟通。你甚至可能认为我觉得人们在工作时要停止说话，但事实恰恰相反。

第一部分
构建面向未来的企业

亚马逊——"努力工作,乐在其中,畅所欲言。"

亚马逊是世界上网络化程度较高、整体性较低的组织之一。自从首席执行官杰夫·贝佐斯于2004年发表备忘录以来,该企业被分成依靠软件相互联系的职能部门。如此一来,领导层就可以非常经济有效地尝试新创意,并将品牌扩展到新的领域。各单位都具备高度的创业精神:这见证了亚马逊云科技(Amazon Web Services)的成功——这是世界上极大的云托付企业之一,并据统计,该企业利润占到亚马逊总利润的80%。

亚马逊各职能之间的互动或许得益于软件,但很明显,就连贝佐斯这个世界知名的微观管理者也不想完全禁止人们交谈。将日常互动自动化并简化,是为了给业务中更重要、更人性化的方面腾出时间。

在组织内部，这意味着战略、创新和创造；对于个人发展，这意味着培养和领导力。

在组织的边缘部门，我们需要消除客户和伙伴关系中的不良摩擦——这些摩擦浪费时间，消磨精力和耐心，从而为我所说的良性摩擦腾出时间。良性摩擦就像搂住客户肩膀的手臂，包括消除疑虑、提供咨询和建立关系。正是在这些时刻，客户建立了忠诚度。

只有消除不良摩擦，才能将时间用于良性摩擦。我们在工作中的许多沟通都建立在不良摩擦的基础上。

第五章
模型与现实

分层只是模型,模型并不总能完美契合现实。调整和妥协的因素不可避免,甚至对于模式的基础理论也是如此。举例来说,你如何厘清对自动化和加快信息交流的投资重点,以用于提高灵活性而非优化现有流程?难道投资就意味着优化吗?优化和灵活性之间的关系开始变得更加微妙。

二元性领导力

分层旨在充分提高企业的应变能力。要么优化结构，要么灵活应变，二者不可兼得。但很明显，我们不能总是盯着下一步却不顾眼下的流程改进，仍有必要对当下进行一些持续的改进。宝马的做法兼顾了这种双重性。

宝马与二元性领导力

宝马英国业务内部的领导者经常提及一个概念，即"二元性领导力"。其理念就是兼顾看似矛盾的明确目标：如何持续改进当前的工作以及如何调整并迭代计划，为明天的不确定性和不断变化的世界做好准备。

通过一次与咨询公司战略领导力联合举办的领

第一部分
构建面向未来的企业

导力发展计划,这一概念已被企业上下的领导者所接受。

宝马(英国)制造有限公司,领导力发展与变革管理负责人韦恩·莫尔斯(Wayne Morse)表示:"持续精进铸就公司多年来的成功。我们追求卓越,以求在各领域臻于至善。今天,我们深知未来道阻且长。我们明白维持流程的稳定性和一致性至关重要,但也必须使领导层更重视适应能力和试验试错。这就是我们面临的二元性领导力挑战。"

战略领导力英国董事总经理克里斯·阿特金森(Chris Atkinson)补充道:"我们的合作伙伴越来越多地意识到,战略领导力远不只是优化而已。他们尝试在全企业上下打造创业、创造和创新的能力,居安思危,未雨绸缪。"

这一概念和分层之间形成有趣的互动。二元性领导力关注如何平衡今日之挑战和明日之机遇。它关乎你如何实现卓越经营，同时探索未来增长的前景。用我最常说的话说，这事关你如何在精益求精与灵活应变之间取得平衡。

在分层模型中，各职能部门发挥特定作用。职能单位的领导层可以尝试优化该单位的狭义功能。但更重要的是，该功能能够与更广泛的业务作用相契合。比如，如果你有一个单位极其擅长铣削铝，不必只将其视为该企业的铣削铝部门。其领导层可以发挥创业精神。他们可以寻找机会为其他客户提供铣削铝加工服务。部分新客户可能来自企业内部，但也会收获不少外部客户。这是低水平的二元性领导力。

第一部分
构建面向未来的企业

　　只有对企业圆环中的所有圆环和职能都运筹帷幄的领导层,才能实现高水平的"两手抓"。一旦组织被划分成职能单位,领导者可以开始排兵布阵。他们可以重组相关部门,以满足新的挑战。他们可以在不影响其他职能的情况下创建新部门。他们可以轻易地借用其他组织的相关部门。或者,在最坏的情况下,他们还能解散部门。

　　这一方法能使低层次的职能继续将卓越经营视为当务之急,这对整个组织的长盛不衰至关重要,他们对此得心应手。他们能在其擅长的特定领域内,进一步思考未来的机遇。

　　与此同时,高层领导能够统领全局,放眼长远。他们的时间和精力都应该从下级单位的日常运作中解放出来,各单位应各自拥有高效且富有创业精神

的领导者。

构建面向未来的企业结构概览

以下是第一部分的要点,当你构建面向未来的企业时,需要记住这些关键要点:

● 在一个高频变化的年代,要实现企业长青,灵活应变远比精益求精更重要。

● 职能部门的网络化结构为面向未来的企业提供一种灵活应变的模型。

● 网络化依赖于流畅的对接。确保网络中各职能与其他职能沟通时都能够低摩擦地对接。

第二部分

如何预见未来

对领导者来说，展望未来兹事体大。但大部分人忙得不可开交，难得有时间考虑未来，即使考虑也无从下手。

我将在本节中分享一些简单的工具，用于展望近期和远期前景。这些工具将使你更加明确企业的方向，帮助你确定前进道路上可能遇到的障碍。

第六章
三视界

企业自诞生起，其领导者就在展望未来。企业其实不就是对客户未来需求押注吗？预测趋势的能力是企业任何级别的领导者都必不可少的能力，而且其价值与日俱增，但很少有人谈及"先见之明"、"远景"或者是"计划"，并往往不思进取。

在第一部分，我们学习了如何构建灵活应变、面向未来的组织框架。在第二部分，我们将探讨一些技巧，作为领导者，你可以使用这些技巧解读预示你所在行业未来趋势的蛛丝马迹，并将其融入你

的日常活动中。

⏱ 为何要展望未来

　　未来的情况总是不期而至。如果我们等到最后一刻才做决定并采取行动，往往为时已晚。我们不能等到客人都到了才开始为其准备晚宴。我们必须提前计划并采取行动。

　　我们看得有多远，极大地影响到我们思考未来的方式以及我们采取何种预备措施。比如，想象你明天早上有个重要会议，你可以从容不迫地计划穿什么套装，规划前往会议的路线，甚至准备明天会议的演讲稿。你在一个已知的系统里根据一套熟悉的参数按部就班地工作、生活。你的计划可能受到

第二部分
如何预见未来

干扰，比如交通堵塞或火车晚点，计划要见的人可能突然取消会面，或者你的孩子突然生病，但这些都是可预料的变数。

现在回想一下你试图做长远规划时的情境。想一想你对童年经典问题"你长大之后想做什么"的第一个答案。大部分人的答案是"医生"、"宇航员"、"总理"或者"火车司机"，但他们最后很少有人从事这些职业。我们在做计划时，对我们职业生涯所在的系统或职业道路上可能发生的变化知之甚少。儿时，我们只是描绘出我们天真的小脑袋里对未来某个遥远时刻的理想状态。

即使是成年人，提前规划几十年后的事也极具挑战性。在这几十年的时间里，可能发生天翻地覆的变化。我们不可能将计划实现前所有可能影响现

实的变数都考虑在内。但尽管如此，畅想未来仍是一项有价值的训练：我们可能搞错了职业生涯的细节，但我们至少立志要取得成功。

这种思考近期和远期前景的方式在商业环境中也很重要。我们需要展望近期前景，近期的变革在很大程度上是由我们能够理解的参与者和事件来定义的，哪怕我们无法百分百预测这些事件，我们也需要展望更遥远的未来，制定长期目标和企业追求的使命，并且承认我们实现目标的方式可能与今天的期望有所不同，正如目前的职业也不是曾经梦想的宇航员。

◐ 为何我们没有展望未来

鉴于确定目标以及留意可能阻碍我们实现目标

第二部分
如何预见未来

之陷阱的重要性,似乎显而易见的是,每一位领导者都应该全力以赴展望未来。然而,在我见过的领导者中,没有一人敢说自己对展望未来下足了功夫。恰恰相反,他们疲于应对此时此刻的问题。

有许多事情分散了我们的注意力。经营企业还是在企业中工作,这是领导者面临的一个经典难题。总有烂摊子要收拾,总有结果要交付,总有人带着问题敲你的门。因此,我们发现很难抽空喘息,思考战略。

我们可以采取一些务实的措施以腾出时间。一是委派他人,二是自动化。这两种措施都在第三部分进行了详细讨论。但归根结底,这是轻重缓急的问题。我们必须承认展望未来对企业的重要性,领导就是要从此时此刻抽身,腾出时间思考。

我们能预见未来吗

有一些推动力即使不是一成不变的,至少也是变化缓慢的。正是这些推动力驱使我们选择特定方向,其中一些源自人性,还有一些源自资本主义经济体系的基本原理。如果你正确理解我们今天的处境以及这些推动力如何驱使我们,那么就像水手绘制航线一样,当你预测未来时,你能够准确地猜中接下来的发展。

这种方法并非一用就灵,其在宏观层面的效果比在微观层面要好。更适合预测接下来可能发生什么,而非何时会发生。

当我们回顾过去的预测时就能看到这一点——这经常使我们发笑。我常常发现预测出错的往往不

第二部分
如何预见未来

是方向,而是进展的时间。比如无纸化办公,它正在到来,但姗姗来迟。办公用纸的销量每年下降2%,至少在未来一二十年,我们或许还无法完全做到无纸化(或者接近到无须计算的程度),但我们终将实现无纸化。那么飞行汽车呢?就在几年前,我们还在嘲笑百年前的预言,即今天我们将乘坐飞行汽车出行。然而我们最近看到不少企业发布了实际设计图,很快就会有商用飞行出租车服务,在全世界不同国家的城市和机场之间运行配备载人舱的巨型无人驾驶飞机。

我们现在就能拥有飞行汽车了吗?或者实现无纸化办公?答案是肯定的,只要我们加速改进某些技术并以更快的速度采用它们。而且必须加大投资力度。但我们取得相关科研飞跃、进行开发投资,

做出政策转变以及适应某种变革的速度变幻莫测，因为这属于人类集体行为的范畴，受到众多相互冲突力量的影响。说回我用船打的比方，我们能看到星星和航程终点，绘制弯弯绕绕的路线图，但我们总是会在旅途的某个时刻遭遇暴风雨。无法确定地说这艘船将会因暴风雨延误多久，甚至船还有可能沉没。

因此，无论用何种方法，我们绘制的未来愿景都只是可能性而非预言。我们应该摆正心态、正确对待。影响越迫在眉睫，作为其基础的趋势和问题越显而易见，我们根据所见所闻采取的行动确定性也就越高。事实上，为了抓住机会或规避威胁，采取行动事不宜迟。随着我们放眼长远，我们需要采取更加平衡的方式，根据我们所看到的确定性来判

第二部分
如何预见未来

断我们对应对措施的投入是否恰当。

显而易见的是,哪怕只是投入些许精力展望未来,也能使我们抢占先机。因为,如下文所述,大部分组织(包括你的竞争对手)无暇顾及未来。我向我所有的委托人建议,应该激励各级别的领导者投入 1% 的时间展望未来。这意味着大约每 6 个月只占用 1 个完整的工作日。你能腾出这点时间思考一下企业的未来吗?但愿如此。

我们已经讨论了远期前景,这事关我们的目标和雄心。至于近期前景,则关乎我们的计划和行动。如果进一步细分近期前景,我们可能会把未来的 1 年以及之后的几年分开来看。而在短期前景,我们必须确保手头的现金流、材料和资源足以维持业务运行。我们必须确保人员组织得当,交付预期

成果。我们编制预算、制订计划，通常都是为了改善或优化业务绩效：降低成本、增加收入，最好能提高利润。

再远一点（但仍在近期），我们必须研究企业可能发生的变革。或者至少我们应该研究。正如我将说明的，这是企业分析中最容易被忽视的时期。其时间跨度最长可至下一个10年。

超过这一时间，所有确定性都渐行渐远，我们开始思考一个完全不同的世界。但这仍是一个重要的流程。思考远期前景有助于确定我们对企业的期待，即除了次年利润以外还有什么使命和目的。

关于未来的这3种不同的思考模式，可以划分成"三视界"。

第二部分 如何预见未来

🕐 三视界模型

三视界模型由麦肯锡于 2000 年开发,成为企业领导者思考增长的得力工具。今天,在世界未来学联合会(International Futures Forum)的努力下,它已经被广泛应用于分析社会规模的挑战以及企业内部推演。

三视界模型要求我们从 3 个不同的部分来展望未来(见图 6-1)。

第一视界

第一视界表示当下和短期前景。从理论上讲,这一时期一切照旧。按上文的比喻,你正在计划明天穿的套装。在麦肯锡的模型中,在第一视界,你着重优化今天的商业模式,思考如何从当前进行的

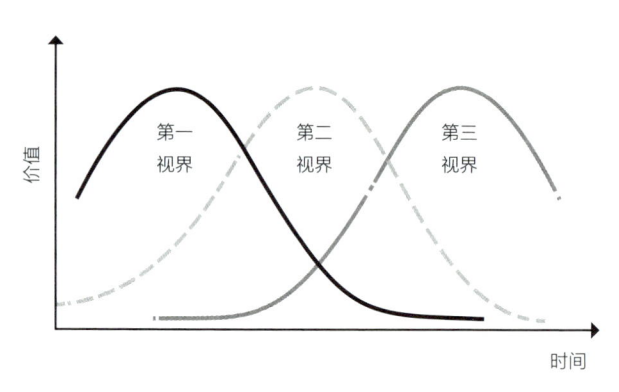

图 6-1 三视界模型

业务活动中获取最大的价值。

从历史上看，我们可能认为未来两到三年（或更长）时间是一个稳定期，我们的业务能够继续按部就班地应对竞争和现金流的常规挑战。接下来我将表明，我们或许该转变一下思路。

第三视界

我们暂且跳过第二视界，先展望一下远期前景，

第二部分
如何预见未来

具体多远你说了算。这一阶段的确定性小得多。这里充满着希望与梦想、恐惧与期待。在传统的前瞻性推演中,我们把第三视界当作一张画布,在这张画布上畅想未来。你畅想的企业愿景是什么样的?商业模式和命题可能发生什么变革?目标客户是谁,如何促使他们付款?

从许多方面来说,三视界框架的价值在于为理性讨论第三视界创造了平台。它允许我们,甚至迫使我们搁置此时此刻的问题,聚焦于未来。它让今天的阵痛停留在第一视界,帮助我们开阔思路,以全新的方式思考未来。我们可以根据经济、社会、技术和环境的发展趋势探索可能出现的不同情景。

在三视界模型中,第三视界关乎今日重大计划的实现,即为应对未来的增长,你可能在今日投资

的相对冒险的经营项目和实验是什么。三视界模型和更广泛的社会范围前瞻性推演的分歧在于第三视界的跨度。在主要的前瞻性推演中，第三视界通常涵盖未来二三十年。在三视界模型中，其范围可能只有 5 年到 7 年。

第二视界

现在我们来谈谈中间阶段：第二视界。在更广泛的前瞻性模型中，措施的落实发生在第二视界。既然明确了今日的处境以及未来的目标，在第二视界就该采取行动。通过分析现实（第一视界）和愿景（第三视界）之间的差距，我们就能确定实现愿景所需要采取的步骤。

在麦肯锡最初的三视界模型中，第二视界相当紧凑。这关乎我们如何通过迭代和创新改变今天的

第二部分
如何预见未来

商业模式。你如何扩大生产线或涉足新领域，使当下的模式发扬光大、长盛不衰。

当你思考企业的第二视界时，你考虑的是接下来的1年到3年。在过去，第二视界的跨度可能更长点。但高频变化的本质意味着，就算不是为了下一步做准备，每一家企业也必须不断更新其命题。

从何处开始分崩离析

经验法则显示，大多数人在进入企业6个月后就会失去对企业未来的洞察力。据我的经验，在一家企业或一个行业工作6个月足以使人们相信，企业运作方式将一成不变，它所经营的行业的规则在很大程度上根深蒂固。

当人们麻木不仁地回应新想法："这在这里行不通。"或者看着外面的创新表示："但是咱们行业不一样。"时，你就应该知道人们丧失了远见。如果你在介绍新想法时得到上述反馈，内心就该警铃大作。

当你试图鼓励人们设想未来时，一大挑战往往是要打破人们的故步自封。三视界模型是个不可多得的工具。事实上，三视界模型及其扩展版本都成功地帮助人们抛开此时此刻的期望，以更开放的心态思考未来。

问题在于时间尺度。考虑到第三视界的时间跨度一直是最大的挑战。现在，在这个高频变化的年代，它可能成为最大的干扰之一。

很少有组织能胸有成竹地彻底适应近在眼前的威胁——即三视界模型中的第二视界，甚至第一视

第二部分 如何预见未来

界。企业规划明确地建立在照常经营模式的基础上，因为每一个人的工作重心都是竭尽全力达成近期绩效目标，因此没什么时间思考下一个季度或年度之后的事情。

这给三视界前瞻性推演带来了困难。目前的做法鼓励人们抛开今日的现实，直接考虑第三视界，一个遥远的、截然不同的未来。如此一来，即使是近在眼前的威胁也被推到遥远的未来，变成明天（而非今天）的问题。那么，可能的应对措施变成第二视界的问题，措施的落实更是长达数年。

在这个高频变化的年代，往往缓不济急。

转变假设

高频变化的影响不只是对第一视界和第二视界产生干扰，而且还改变了思考第三视界时适用的假设。

以电子烟为例，当下的高频变化令许多相对新出版的科幻小说看起来都过时了。从2012年起，低摩擦的全球供应链、制造业的快速创新以及共享的网络文化三者共同作用，不过数年，电子烟商店就成为一种街区特色。如果这种趋势继续发展下去，电子烟将会大规模取代香烟。而在几年前，诸如美剧《副本》（*Altered Carbon*）的作者理查德·摩根（Richard Morgan）等科幻小说作家在其设想的情景中，活在24世纪的主角还在抽传统香烟。这在当前已经显得不合时宜了。

统筹全局

高频变化对我们构建面向未来的企业意味着什么？这意味着我们必须时刻关注近期和远期视界，在每次推演中理解不同视界的不同价值。

第二部分
如何预见未来

把你的企业当成一个游牧部落。部落总是追寻更好的土地,迁徙不定。每隔几年,部落长者都会聚集起来商讨最佳的居住地。分析水源、海岸线、沃土、野生动物和森林的相对重要性。他们权衡选项,选定方向,朝着他们认为能为部落带来最大回报的最佳环境迁徙。他们同样会考虑路途上可能遇到的障碍。

这就是长期的远见卓识。充满不确定性,向着理想前行。但这至关重要,如此一来你才能带领企业走向未来。

现在考虑旅途本身就行。一路上,部落的前锋侦查员会不断遭遇新的障碍和机遇。比如未知的绿洲和劫匪、潜在的贸易伙伴、险恶的地形等。部落领导者必须迅速调整路线,或者在形势逼近之前,

决定如何应对每一个机遇。

这就是近期的先见之明。即基于可见的威胁和机遇，处理实际问题，速战速决。

每一个时间框架都要求采用不同的前瞻方法。第八章将概述这2个工具，但在此之前，你应该先看看你今天已经进行的前瞻性和战略推演。

第七章
为什么面向未来的战略行不通

在我们讨论可用于展望未来的工具之前,你有必要检验一下你当前已经在使用的工具,并分析为何它们作用不大。没有企业不做计划,但极少有计划能够对症下药。我们先从(理论上)最简单并最常见的计划形式——年度预算,说起。

预算与战略

每年你都会列出企业明年的预期业绩,或者由

财务总监或首席执行官代劳。这一过程通常需要群策群力，这要求各业务部门和职能部门的参与。销售团队承诺将带来多少收入？营销团队将如何协助销售团队实现目标？人力资源部门预期需要多少人员来支持这些方案？

最终文件往往千头万绪，尤其是使用电子表格生成文件时，但许多人仍这样做。整个流程既复杂烦琐又需要多方合作，往往导致预算的编制和签署遥遥无期。为缩短时间，每年的预算通常从前一年就开始。具体操作是，打开电子表格（或者在更常见的情况下，打开相互关联的电子表格集），以新名称保存，然后从头开始走流程。

与此同时，总经理或首席执行官通常会牵头进行战略制定推演。如果这是对未来进行兼容并蓄的

第二部分
如何预见未来

评估，那再好不过。但在阅读大量相关文件后，我得出结论，这种战略通常可以概括为"更大、更好、更快、更多"，再点缀"更美好、更友善、更环保"之类的话。大多年度战略文件的制定者对可能需要的彻底变革不甚了解。除了少数例外，这些年度战略文件大多计划如何优化今天的业务，而非灵活应对预见到的新形势。

理想状态下，战略制定推演应该在预算流程之前进行。毕竟你肯定希望确保所有战略优先事项都能得到相应的预算分配。遗憾的是，因为预算流程时间持久，而日常管理的烦琐事务又常常压缩了战略制定的流程，所以两者常常同时发生。

根据我与加拿大财务软件公司财务专家（Prophix）进行的一些研究，三分之二的首席财务官表示，预

算充其量只能说与战略有较高的联系。对许多企业而言，二者之间几乎没有关系。

总之，在企业最常进行的前瞻性推演中，管理者除了企业以及其经营所在行业的状况，对外界知之甚少，并且所制定的战略又缺乏投资支持。

战略应对——中期

企业偶尔会制订更激进的计划，但在大多数情况下，这往往是一种被动而非主动的做法。起因通常是某些问题已经对企业造成严重影响，而非通过正式的远景扫描提前发现了某些趋势。

很少有企业能斗志昂扬地应对这些情况。危在旦夕的企业往往从咨询公司引入外部资源——如果

第二部分
如何预见未来

企业规模够大的话。"重新定位"、"调整规模"和"重组"等词层出不穷,或者是新词"改造"。

企业面对这些非同小可的冲击,如果说80%的应对措施是削减和撤退,那么另外20%的应对措施则令人提心吊胆,少数情况下选择背水一战,比如为追求增长而快速消耗现金。需要回答的问题是,没有像别人一样投入的五年规划和发展,"如何才能效仿他人"?用花重金的方式走捷径往往以失败告终。以过去20年大型企业进行的数字化转型为例,老牌企业试图赶上他们的数字原生挑战者。约翰·科特[1](John Kotter)在他的著作《领导变革》(*Leading Change*)中最先估计1996年企业转型的

---

[1] 著名的领导力专家。——译者注

报告失败率为 70%。而麦肯锡 2018 年的全球转型调查显示，失败率为 74%。这包括福特、通用电气和宝洁等全球领先企业的大型数字化转型计划。这些失败并不致命，但让企业付出了时间、金钱和商誉的代价，推迟了他们追赶或超越竞争对手的正确努力行动。

五年计划

真正的战略计划推演并不常见。每隔一段时间，领导层就会发现自己忙于企业日常事务，很久没有好好经营企业了。因此，他们会要求助理安排一次与领导团队的外出活动。据我的经验，活动通常会选择在一处与最高级别领导者的业余爱好密切相关

第二部分
如何预见未来

的场地进行。或许是一个一流的高尔夫球场，现在也许会选择一些不错的骑行路线，因为骑行似乎成了高管首选的新消遣方式。

定好房间后，受邀者盛装出席，还有主持人主持当天的活动。这一过程通常包括头脑风暴，鼓励"天马行空"或"打破常规"的思考方式。在各抒己见几个小时后，参会者移步酒吧稍事休息，指派一人负责将当天的讨论结果——各种参差不齐、重点各异、方向不同的观点，编入长期战略或五年计划。

次日，团队成员出发前往高尔夫球场。

这只是个玩笑，但我并不是说这些推演无足轻重。这为人们提供难得的机会纵观全局、放眼长远。这也可以成为增进团队感情的绝佳机会。但这种做法问题重重：

- 会议次数不多。
- 与会者的背景或观点不够多元化。
- 最终的战略常常缺乏明确性和方向性。
- 一旦人们返回日常工作，这些战略往往会被抛之脑后。

很自然的，新战略所依据的前提很快就会过时，这进一步强化了旧观点，即他们只需要对已经在做的事情全力以赴和更加努力就行。企业继续因循守旧，直到撞上南墙，遭遇客户冷漠的回应。

变革势在必行

如果经营企业只关注当前的预算编制、战略和

第二部分
如何预见未来

应对流程,将后患无穷。如果近期只盯着流程优化,对其所处的不断变化的世界视而不见,那么企业迟早会走进死胡同。我们都不希望经营这样的企业,也不希望我们负责的企业走向这样的命运。

告诉你一个秘密:比起初创企业,我更钟爱老牌企业。初创企业只因时髦和与众不同、创新和打破常规而引人注目、受到追捧。但是,尽管偶尔会发生一些企业不当行为,老牌企业往往还是更胜一筹。一个庞然大物倒下,群狼般的初创企业取而代之,这并不一定属于约瑟夫·熊彼特[1](Joseph Schumpeter)所谓不可避免的创造性破坏浪潮的进

---

[1] 美国经济学家,当代资产阶级经济学代表人物。
——译者注

步，不必欢庆鼓舞。如果我们能让老牌企业成为自我颠覆者，预见变革的到来并适应新世界，那么我们就无须面对企业崩溃导致的低效和痛苦。

要避免这一命运，第一步是要改变企业展望未来的方式，从最基本的预算编制到适当的前瞻性推演和长期愿景，都要改变。事实上，通过技术和培训改善当前的预算编制和战略制定过程，能帮助管理者腾出大把时间进行集思广益的前瞻性活动。

第八章
审视远期视界

现在来看看一些更有效的展望未来、未雨绸缪的方法。创建你的三视界模型,从最长远的第三视界开始,从未来十年或更长的时间开始考虑。

◐ 情景规划

情景规划简单明了,就是创建多个情境的流程,方便你了解如何为这些情景制订计划。当你审视远期前景时,情景规划不可或缺。

情景规划流程方式多样，有简单的，也有复杂的。最简单的情景规划就是讲故事。其开山鼻祖是兰德公司❶（RAND Corporation），当时赫尔曼·卡恩❷（Herman Kahn）就是用讲故事的方式帮助人们了解敌对国家可能使用核武器的不同方式。

最复杂的情景规划则整合了系统思维（即分析系统内的所有部分，从而了解所有这些因素如何相互作用）和深入的实证分析（研究）。当然，这一流程的最终阶段大同小异：

---

❶ 美国最重要的以军事为主的综合性战略研究机构。——译者注

❷ 美国物理学家、数学家、未来学家。乐观主义未来学派的代表人。——译者注

第二部分
如何预见未来

（1）创作一系列关于未来可能情况的故事。

（2）对一群人讲述这些故事，最好是从不同的视角讲述——你需要来自企业内部和外部的人员，他们的背景、年龄、性别等特质各不相同。

（3）要求你的参与者思考如何应对每个故事中描述的情景。

（4）从这些应对中反推，进而了解当下战略可能造成的影响。

当下战略可能造成的影响或许意味着应采取何种步骤以减轻最坏后果。或者如何提前布局才能把握机会、实现未来机遇（如果出现的话）。

那么，首先该如何创作故事？第一步应该找出企业成功的关键驱动因素。决定企业未来增长和赢

利能力的最大因素是什么？是宏观经济环境，监管情况，还是原材料价格？在我牵头或参与的情景规划会议中，我们提出各种因素：环保政策严格还是宽松；经济增长还是经济崩溃……无论哪个因素都会对企业有所影响，你自行选择即可。

当然，你无法一次性解决所有问题，因此你需要进一步提炼，聚焦于两三个关键因素。请记住，所有前瞻性流程都需要不断迭代，定期重复。因此，不必追求一次解决所有问题。

当你把范围缩小到两个关键的驱动因素时，将其转化成情景的一个常用方法是把它们绘制在 2×2 的网格上。如此一来，你就能得出 4 种可能的情景（见图 8-1）：

第二部分 如何预见未来

- 情景1：A维度低，B维度高。
- 情景2：A维度高，B维度高。
- 情景3：A维度低，B维度低。
- 情景4：A维度高，B维度低。

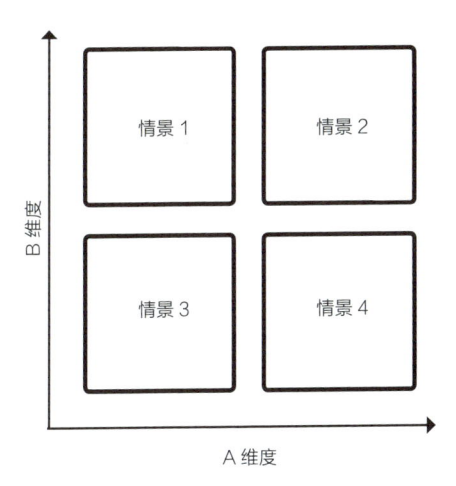

图8-1 4种情景

举例来说，如果你的企业成功的 2 个关键因素是（所在国家的宏观）经济环境和（该国的）环保意识，那么就在网格上填入这 2 个因素，创建 4 种情景，如图 8-2 所示。

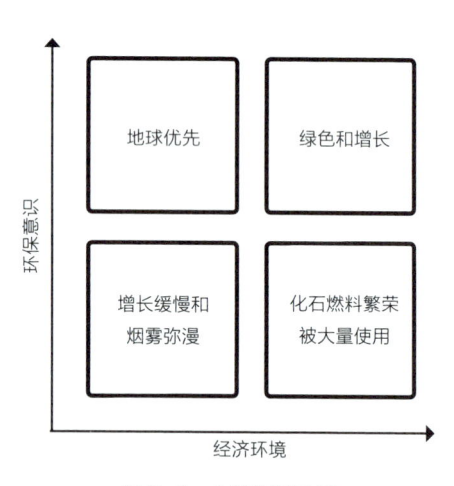

图 8-2 中，纵轴为环保意识，横轴为经济环境。四个象限分别为：左上"地球优先"，右上"绿色和增长"，左下"增长缓慢和烟雾弥漫"，右下"化石燃料繁荣被大量使用"。

图 8-2　4 种情景示例

你可以围绕各组的基本参数，构建更完整的故

第二部分
如何预见未来

事。在这些情况下，监管严不严？税率高不高？客户态度如何？竞争对手的行为是什么样的？用三四段话描述这样的世界。如果你无从下手，可以想象这个虚拟世界里的报纸头条可能怎样写。

以下是我对情景"绿色和增长"的模拟示例：

在2030年加州经历海平面快速上升之后，美国最终改弦易辙，大力支持全球气候倡议，迅速协调统一碳税和其他温室气体排放控制措施。这带来了绿色基础设施的繁荣，同时间接推动了英国的经济快速增长，撬动了英国的研究基地和大量可再生资源。

美国的满目疮痍和英国日益频发的洪灾和极端天气，使两国的民意与科学站在统一战线，环保不力者遭到公众和媒体的尖锐批评。

转型速度之快，使那些依赖不太清洁的能源或原材料的英国企业面临诸多挑战。公众谴责的焦点并非总是复杂或微妙。比如，尽管棕榈油的替代品在很大程度上效率较低、污染更大，但棕榈油的使用却遭到了强烈反对。

在这样一个模拟世界，报纸头条可能是：

- 70%的超市产品仍然含有"破坏性的"棕榈油
- 预算报表：碳税升级，创下新高
- 石油投资崩溃后，政府同意对养老基金提供支持

在不同情境中，企业的行为和绩效都大相径庭。情景规划的参与者需要回答2个问题：

第二部分 如何预见未来

- 在这些情景中将如何应对？

- 今天应采取什么措施才能降低风险？（或者在出现上述情况时，如何才能最大限度地把握住机会？）

三维度情景

有时候，你会希望在推演中考虑两个以上的驱动因素。有时候，你可能需要帮助构建这些情景并说服人们相信其有效性。毕竟你很难身临其境地想象未来 10 年、20 年甚至 30 年后的情景，无论你是自己创作这些情景，还是倾听别人创作的故事。

为克服这些问题，我在与大曼彻斯特地区[1]（Greater Manchester）的一个团队共事时（当时他们开始考虑该城市地区交通基础设施的未来），开发了一种构建情景的新方法。

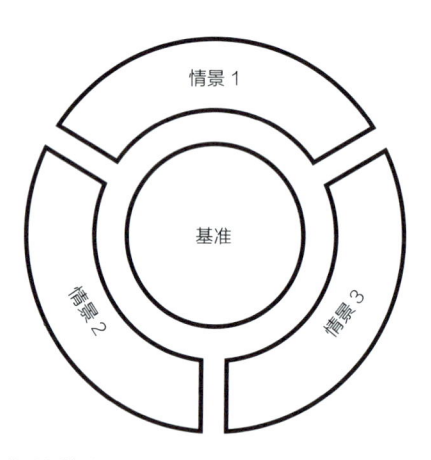

图中：基准；情景1；情景2；情景3

我们从基准说起：如果当前所有趋势都一如既

---

[1] 英国英格兰西北的都会郡。——译者注

第二部分
如何预见未来

往地继续下去，25年后世界将变成什么样？这是为了创造一个每一位参与者都能相信的、合情合理的情景。然后，我们用环境、经济和就业这三个主要驱动因素分别从不同方向调整基准情景，从而创建3种新情景。

这就创建了3种未来的可能性，虽然它们立足于合情合理的现实，却延伸到了意想不到的地方——自然而然产生了意想不到的影响。在每个新情景中，我们都设想了如果社会以及政府将相应的因素放在首位，那么世界将会发生什么变化。比如，在环保情景下，我们设想了大规模去碳化可能如何发展。在经济增长情景下，我们预见了新老商业热点继续扩大。而在就业情景中，我们描绘了扩大再分配的效果，即城市或地区的不同区域增加或恢复

就业。

这一方法有诸多益处：

● 建立了言之成理的基准，使狐疑不定的参与者能够相信你设想的其他情景。

● 简化讲故事的流程，因为你有了一个基准起点，当你试图理解在新情景下有何不同时，你能够只聚焦于单一的变革驱动因素。

● 让你可以在一个连贯的模式内，根据不同的驱动因素设想3种甚至4种情景。

这一方法也有不足之处：

● 所有的情景规划推演都很费时间，建立令人

第二部分
如何预见未来

信服的基准情景尤其会占用大量研究时间。

- 过于追求"令人信服的"基准情景可能使你束手束脚,无法设想更极端的未来情景。如果说最近的事件给人什么经验教训的话,那就是,极端的变化总是有可能发生的。

制定正确的情景规划本身就是一个费时费力的过程。这不是一个可以频繁重复的活动。即使是壳牌集团(Shell)这家以情景规划而闻名的企业,也是每隔几年才发布一次新情景规划。这使人们对"做对与否"心生畏惧。你如何知道自己设想的驱动因素或情景是否正确?如果搞错了,是不是钱就打水漂了?

你应该反问自己:难道继续睁一只眼闭一只眼,

对未来视而不见就更明智了吗？情景规划是一种叙事性、启发式和本质上定性的过程。无须追求尽善尽美，也不可能做到算无遗策。重要的是这个过程本身。它解放了思想，建立了合作。它为研究不同观点创造了机会。这些情景本身就是一种载体，让人们跨越传统的界限，坐在一起考虑未来的可能性。正如《科学美国人》（*Scientific American*）对赫尔曼·卡恩方法的评价，这个工具帮助人们"想象不可思议之事"。

我在这里概述的内容实际上只是情景规划的基础，这个框架凝聚了众多从业者的心血。本章只是为你提供入门指南。

第九章
近期视界：机遇与风险

有效的情景规划推演要求高层投入大量时间，在此之前还要进行数日、数周甚至数月的研究。在审视近期前景或"第一视界"时，我提出了一种不同的方法，可以将其纳入企业的日常活动中。

交叉比对

交叉比对流程旨在帮助你构建连贯的近期图景，而且比情景规划性价比更高，因此可以频繁进行。

交叉比对效果显著，因为它聚焦于找出对你的企业或部门带来最大威胁或机遇的当务之急。

这一流程的输出将成为未来一两年的战略基础。这是一个迭代的过程。它不慌不忙地抛出大量可能的结果，然后强迫你只关注那些产生最大、最直接影响的结果。你无须担心被筛选掉的结果，因为6个月后这一流程还会再来一遍，然后每6个月进行1次。这是灵活制定战略的基础。

交叉比对不仅解决企业面临的独一无二的内部因素，还解决影响整个市场的外部因素。

宏观趋势和压力点

交叉比对背后的道理很简单，即企业和行业的

第二部分
如何预见未来

最大变革将发生在压力已经不堪重负的地方。换言之，即使你可能看不见，但企业当下确实已经形成压力点。当席卷你所在行业的全球趋势的影响增加了这些压力时，变革不请自来。因此，我们必须在影响到来之前，努力找出全球趋势和你面临的特定压力点之间的交叉点。

我习惯把它想象成一排飞向山脉的导弹（见图9-1）。有的会击中，有的会射偏。我们需要弄清楚导弹袭击的目标以及其导致的影响的规模。

收缩你的视野

为确保交叉比对推演不会造成负担，并且可以频繁重复，我们必须缩小可能性的范围。与情景规

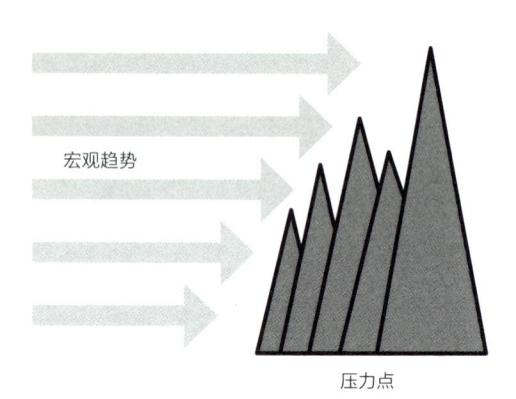

图 9-1 宏观趋势与压力点

划不同的是，交叉对比无须设想所有的可能性，它侧重于揭示概率。

首先要明白的是，交叉比对不是为了研究未来，而只是研究你的未来。每个个人、每家企业都有独一无二的轨迹，因此他们会在不同时间受到不同因素的影响。当你进行交叉比对推演时，你不需要尝

第二部分
如何预见未来

试设想整个世界未来,甚至也不需要考虑最接近的竞争对手,尽管很明显你们会遭遇某些共同的挑战。你要做的是找出近期对你的企业影响最大的特定威胁和机遇。

为了集中注意力,我们必须从地理、时间和技术这3个不同维度划定你的视野范围。

地理

在世界的不同角落,改变并非同时到来。无论经济全球化的程度有多高,仍会存在独一无二的地方文化、政治和经济因素。如果你的企业是跨国企业,那么你需要按区域(最好是按国家)分别进行前瞻性推演。有些因素可能跨越国界,比如,如果网络犯罪对你的企业有影响(而且这种影响对大多数人来说越来越重要),那么这一威胁很有可能来自

国外。同理，如果你的分析发现了对你的商业模式至关重要的威胁，那么这些问题很可能不局限于你所在的地理位置，诸如监管、资源获取、技术市场、金融和政治稳定性等因素可能与你的经营地点高度相关。考虑到这些因素的影响力，将业务高度集中于某个地区是合情合理的。

时间

划定视野范围的第二个维度是时间。交叉比对旨在考虑未来一两年可能发生的情况。考虑到事情何时发生和发生何事之间存在不可预测性，你有时可能会预见一两年之后会发生的事情，尽管你并没有主动去思考这些事情。作为一名未来学家，你首先要了解的是，预测将会发生什么比预测事件发生的确切时间要容易得多。

第二部分 如何预见未来

技术

划定视野范围的第三个维度更有导向性。它明确指出，如何将宏观趋势与压力点区别开来。

宏观趋势和压力点可能都会归在同一组标题下，通常使用PESTLE（政治、经济、科学、技术、法律、环境的英文首字母缩写）或STEEP（科学、技术、环境、经济、政治的英文首字母缩写）等缩写进行描述。这些都能促使人们思考不同的影响来源和变革驱动因素。这在拓宽人们思维的研讨会上会对人大有裨益。我们都知道这对我们日常的工作和生活有直接影响，但有时候我们需要一些指点，以便思考那些重大驱动因素，它们在日常生活中可能不起眼，但对企业的长盛不衰至关重要。

很明显，在任何远景扫描推演中，所有这些因

素都不可或缺。但是交叉比对的工作方式（寻找一个因素与所有其他因素相交的点）意味着，你需要选择哪些因素作为"箭头"，其他因素则作为"山脉"，或者至少作为"山脉"的一部分。你可以从这些因素中任选一个作为分析宏观趋势的起点，将其余因素列为压力点。但我习惯选择一组技术驱动趋势作为我的分析起点。

这是因为，在所有这些因素中，技术是持续经历变革的因素，而且其影响不可逆转。我们以经济为例进行比较。在2008年后经济衰退最严重的时期，英国经济收缩了7%。对很多人来说，这种收缩痛不欲生，但与英国经济的总体规模相比，这种影响微不足道，而且在随后的几年里，经济有所回暖（尽管缓慢）。

第二部分
如何预见未来

在一些国家，政治不稳定性是一个大问题。尽管在经济困难的时候，现代化的英国也没有爆发政治革命。你会发现主要政党的政策大同小异。即使英国脱欧公投引发了巨大冲击，但随后发生的执政党动荡和劳动力自由流动[1]威胁对大部分人和大部分企业的日常活动影响甚微。尽管一些人群和企业受到巨大冲击，在国家层面，这种影响可能是非常负面的，但随着时间的推移，这些影响可能会逆转。

气候变化是一种结构性的变化。它将导致英国洪灾风险急剧上升。但是，尽管发生剧烈的暴风雨，但预计在未来70年内，灾害的总损失不会翻倍。在

---

[1] 即限制欧盟移民，指的是脱欧后一些欧洲国家的劳动力可能不再轻易进入英国工作。——译者注

我们研究的时间跨度内,即未来的 2 到 5 年,变化是线性的。

与此同时,英特尔创始人之一戈登·摩尔(Gordon Moore)在 20 世纪中叶率先提出,在军事、健康和消费者投资的推动下,技术发展将继续以指数级别变化。摩尔注意到,单个集成电路上可以容纳的晶体管数目每隔 2 年便会翻一倍。换句话说,计算机所能实现的经济效益每 2 年就能翻一倍。关于可存储的信息量以及携带信息的速度的增长预测,也发现了同样的定律。所有这些变革都是指数级别的,而且技术变革的速率准确符合预测。

过去 7 年多的时间里,我工作过的每一家企业都直言不讳,技术既是最大的挑战,也是最大的机遇。这个想法经受了数次考验,包括在脱欧公投数

第二部分
如何预见未来

日之后,我不得不与德国化工集团巴斯夫(BASF)的英国员工交谈时。这次公投使企业经营环境发生翻天覆地的变化,变得更加复杂,包括新的贸易关税、完全不同的安全认证制度。就在我开始发言之前,我把商务总监达伦·巴德(Darren Budd)叫到一旁,告诉他我打算说的是:技术是他们所面临变革的最大驱动因素。他向我保证,尽管受到脱欧公投结果的冲击,但他们的计划与我的观点不谋而合。

时事变化往往是企业或国家面临的最具戏剧性的因素。但每当我与严肃、睿智的领导人谈及时事,他们总会告诉我技术变革仍是当务之急。在当前地理空间和时间框架中,当你利用交叉比对推演解决的问题时,其他变革驱动因素无论多重要,都不及技术变革之影响深远和包罗万象。技术变革将推动

所有其他领域的变革。后文将具体说明技术如何驱动变革。

压力点

交叉比对流程着眼于只对你的企业有影响的变革。为了确定宏观趋势如何对企业造成超本地化的影响，你需要分析我所说的压力点。这指的是，在你的企业（内部）或市场（外部）中，已经带来挑战或机遇的那些问题。其形式涉及方方面面，包括金融、经营、技术、法律或监管等。

要揭示内外部的压力点，必须采用不同的研究方法，因此我们将用2种截然不同的推演方法分别帮助你找出这些压力点。

第二部分
如何预见未来

内部压力点

内部压力点就像你盔甲上的缺口。这是企业的弱点,也是变革最容易发生的地方。寻找这些内部压力点对有效的近期展望不可或缺,但这在日常业务中也是一项有用的技能。如果你能找出压力点并提出解决方案,那么你将备受委托人和同事的青睐。

内部压力点通常可能包括:

- 基础设施老化或过时。
- 部门之间沟通不畅。
- 内部流程缓慢或问题重重。
- 技术投资问题。
- 内部政策问题。
- 决策问题。

- 客服或信誉问题。

- 财务健康状况问题。

- 利润微薄。

- 空间问题——空置多或太拥挤。

- 人员配备、技能和招聘问题。

要找出这些压力点其实轻而易举：问就行了。人们通常很愿意向你指出问题所在，而且这可能会是一个效果显著的宣泄过程。管理层对这些问题的置若罔闻往往令人惊讶。需要采取正式措施打破层级隔阂，让人们畅所欲言，说出那些让人心烦意乱、效率低下、耽误进度的事情。

技巧在于要问对人，提问的角度要多样化。你的意见无疑很重要，但你的同事、合作伙伴以及客

第二部分 如何预见未来

户的意见更重要。让企业中各种资历的人都参与进来，试着与真正不同类型的人交谈。每当你进行交叉比对推演时，要考虑收集不同人群的反馈，或许可以使用不同的方法，比如：

- 从不同业务领域中抽调不同资历的同事，组建一个焦点小组。
- 使用邮件问卷工具从全企业收集匿名反馈。
- 从营销部门收集客户反馈数据。
- 联系3个合作伙伴，询问他们的反馈。

为获得正确的反馈，可参考以下提问员工的问题示例：

- 工作中最让你沮丧的是什么事？
- 哪些事会耽误你做好工作？
- 你的同事抱怨和担心最多的是什么事？
- 你的客户投诉最多的是什么事？
- 你认为首席执行官最担心什么？

征求人们对不同业务规模的意见往往会令你受益良多。问一些关于他们自己、他们的同事、他们的职能以及企业整体的问题，甚至可以询问他们对这个行业的意见。

对于客户和合作伙伴，你应该询问他们对你和你的企业有何不满意之处。影响客户体验的因素或扩大合作的障碍是什么？收集反馈时，不要相信你的客户关系或合作伙伴经理的意见。并不是因为他

>## 第二部分 如何预见未来

们可能对你说谎,而是因为我经常发现他们对自己撒谎,或者对客户或合作伙伴的意见充耳不闻。曾有一位委托人请我去采访他最大的,显然也是最好说话的客户。这个客户对我说,他们正在和供应商解除合作,几个月来一直试图告知供应商,然而与他们打交道的客户经理却一直对这些信息置之不理。

最重要的是要收集形形色色的信息。你不需要一步到位。随着时间的推移,你能做到兼听则明,从而全面了解企业的压力点。

外部压力点

外部压力点影响行业中的每个人。这通常源自你无法掌控的因素,比如,原材料成本和可用性、监管、税收、租金、标准、经济、政治不确定性等。

以白皮书和报告的形式写下这些压力,并提出

可能的解决方案，才能脚踏实地地实践思想领导力，并为卓越的内容驱动营销活动奠定坚实基础。

通常需要进行一些扎实的案头研究才能发现外部压力点。首先要掌握你所在行业的主要分析师报告、报刊的商业版、行业杂志和网站等。然后与你所在行业的一些知名记者和分析师建立良好关系。还可以在相关行业机构中与同行进行交流。你所在部门的年度会议上有哪些议程？这些是主要的外部压力点，即使不是深入人心，也是众所公认的。

考虑一下：

- 你所在行业的媒体最关心的问题是什么？
- 你的供应链有哪些问题也影响到了你的同行？
- 你和你的同行受到哪些下游问题的影响？

第二部分 如何预见未来

- 你的投资者或利益相关方最担心什么?

收集触手可及的所有资源,每当你发现一个问题,就将其添加到统计图表或电子表格中,记下各种问题出现的次数以及专门针对这些问题的报道数量。也可以把关于某个话题的每一篇报道都打印或复印下来并存档。选择你最得心应手的方法。

外部问题可能包括:

- 监管问题。

- 善变的客户行为。

- 价格竞争或材料成本导致的利润压力。

- 宏观经济因素。

- 技能短缺。

🕐 博采众议、抓住重点

在这些内外部压力点中,你应该能快速找出十多个相关问题。接下来你面对的挑战是找出当务之急,挑出那些看起来最紧迫或潜在影响最大的问题。

一旦分清了压力点的轻重缓急,你就能进入下一个阶段。

🕐 宏观趋势

许多人都会告诉你(和你的委托人),技术驱动的变革很重要。但这个观点本身并没有什么价值。你需要知道推动这种变革的方式是什么。

以我在过去 3 年来与各行各业打交道的经验,

第二部分
如何预见未来

我确定了五大"变革矢量",正是通过这些矢量技术一次又一次推动企业和市场转变。我认为分析(高频)变化、选择、能力、速度和形态这五大宏观趋势,将有助于你洞悉技术驱动的变革。

我在下文针对每个趋势提供了简要描述和概述,并强调以下几点:

● *关键影响*:该趋势对企业有何影响,比如缩短了产品在市场上保持竞争力的时间。

● *受到影响的主要业务领域*:企业中受到该趋势影响最大的职能或流程。

● *风险因素*:据我所知,可能使企业特别容易受到这种趋势影响的商业特征和行为。

● *重要启示*:简明扼要地总结关于各趋势你需

要知道的重点。

我会尽我所能言简意赅地提炼各趋势的要点，目的是帮你看清各趋势应该如何与你找出的压力点交叉重叠。

高频变化

技术降低了商业摩擦，创新尤其加快了新产品和服务的开发和商品化。这些新开发的产品经常出自市场新进入者而非老牌竞争者之手，这打乱了既定市场格局和现有供应商的节奏。在此前通过资本或技术门槛将新挑战拒之门外的领域中，如今，新进入者借由研发成本的降低，知识的广泛共享以及技术推动的全球劳动力和市场得以突出重围、脱颖而出。

第二部分
如何预见未来

● 关键影响：颠覆性市场变化多在近期出现，这需要在前瞻推演、战略制定和远景扫描时投入更多时间和功夫以及更加灵活地应对。

● 受到影响的主要业务领域：计划和战略流程制订、预算编制、预测、研究和开发、新产品开发、促进增长的行动、持续改善流程、资本投资。

● 风险因素：缺少正式和频繁的前瞻性和远景扫描活动，安于现状的老员工墨守成规，对非执行董事和董事会过于友好。

● 重要启示：产品生命周期缩短、项目更快立项、商业模式更迭速度加快、企业生命周期缩短。

选择：鼓励竞争、拥抱复杂性

降低人与市场、思想与现实之间的壁垒，技术

造就繁荣。鼓励竞争，增加与客户的联系，鼓励市场信号周围百花齐放。

我们正在走向这样一个未来，它不再以一种范式甚至二元选择为特征，而是以市场、文化和权力体系的断裂为特征。在我研究的几乎每一个生态系统中，其模式、渠道、供应商、合作伙伴、受众和选择的范围都注定远大于从前。这给我分析的每一个市场都带来了新的挑战和机遇。

你的企业将在一个更多元化的环境里乘风破浪，有更多的供应商运用五花八门的模型提供应有尽有的产品。你将被要求通过更多样的方式触及客户，满足不同客户千差万别的需求和偏好。

- 关键影响：竞争挑战搅动市场，对你和你的

供应商的定价和边际收益施加压力。市场的日益复杂令客户困惑不解，给营销人员和买家带来了新的挑战。

● 受到影响的主要业务领域：销售、营销、采购、渠道合作和分销。

● 风险因素：利润微薄、顾客参与度低、对垄断地位过度自信等。

● 重要启示：新供应商、新竞争对手、新分销商、新沟通渠道。

能力：技术增强个人能力

技术使人能事半功倍，这往往意味着我们需要精减人员。虽然整个工作岗位可能得以保留下来，但很多工作将会被取代。从专业服务到物流运输，

从施工建设到呼叫中心，这一趋势影响各行各业。

企业里的每个人都会更加依赖技术，但他们的身价也会水涨船高：如果更少的人员能实现相同的营业额，那么每个人对企业来说都更有价值。这将提高我们对人的能力的重视，尤其是探索、创造和沟通的能力。

● *关键影响：能力增强、自动化。*

● *受到影响的主要业务领域：劳动力、对技术和工厂的资本投资。*

● *风险因素：机构臃肿、缺少技术投资和知识。*

● *重要启示：自动化、能力增强、人员减少、身价上涨。*

第二部分
如何预见未来

速度：人人追求速战速决

统计数据显示，在 21 世纪前 10 年中叶，如果网站没能在 7 秒内加载完毕，将流失一半的访问者。如今，网站的加载时间预计只有几百毫秒。技术的发展大大减少了日常互动中的摩擦，我们期待他人也能速战速决。过去需要等待信件送达，现在实时聊天机器人在几秒钟内就能回答一个问题。

这一趋势改变了企业行为。我们希望我们的供应商、合作伙伴或投资者能够在须臾之间掌握情况，迅速处理从我方或市场获取的信息并做出决定，或者更好地提出解决方案。

- 关键影响：客户、市场、投资者期望。
- 受到影响的主要业务领域：客户服务、决策、

合作伙伴关系、投资者关系、监管机构关系。

● 风险因素：决策集中而缓慢、官僚主义、推卸责任的企业文化。

● 重要启示：技术进步使客户、合作伙伴、投资者和监管机构期待企业提高应对速度。

形态：化整为零

如果企业各职能间摩擦很小，那么就不太需要将所有职能置于同一屋檐下，无论是同一所建筑物还是同一个法律实体。对待员工也是如此。因此，越来越多的组织化整为零，以便做出更灵活的安排，比如与合作伙伴和自由职业者建立网络联系，或者在企业内部分配共享的职能。最典型的例子就是亚马逊，这家企业完全由分布式的职能部门组成，这

第二部分 如何预见未来

些职能部门能为企业内外的业务部门提供服务。想一想亚马逊云科技吧，它曾经只是企业内部的信息技术部门，现在已经成为世界上最大的云托付企业。通过聘用自营职业者并消除他们在经营自己的企业时遇到的困难，亚马逊扩大了物流引擎的规模。

- 关键影响：技术打破壁垒，简化对接方式，改变组织的自然架构。
- 受到影响的主要业务领域：人力资源、组织设计、财务、采购。
- 风险因素：故步自封的文化、单一的组织设计、风险厌恶。
- 重要启示：化整为零、各部分松散耦合。

找出你企业的交叉点

这一流程的下一步是寻找上述五大宏观趋势与你此前确认的压力点之间的交叉点。

选择一个压力点,想想各趋势可能对其产生的影响。针对每个压力点,考虑以下问题:

- 这会增大压力吗?
- 这会减轻压力吗?
- 这会创造新机遇吗?

每个压力点通常都会得到不止一个"肯定"的答案,尤其是对于波及整个市场的压力而言,如果企业能够快速找到解决方案,就能抢占先机。

第二部分
如何预见未来

举个例子，有个委托人意识到他们在内部沟通和业务信息流方面存在重大问题。一位工作人员在与我进行访谈时表示："我们这儿有一种追赶文化。除非我拿起电话，否则什么都不会发生。"尽管该企业已经投资了技术，以实现全企业订单和库存信息的自动化，但是因为企业未在投入新技术的同时推进文化变革，人们无视新系统，行动前仍要电话确认，或常常等电话指示，这降低了企业处理订单的速度，耗费大量时间进行管理，导致对客户的需求反应迟钝。

这一压力点如何在五大宏观趋势上得到反映？

● **高频变化**：内部信息流动缓慢毫无疑问会影响企业应对市场趋势的能力，尽管这更多地涉及业

务信息，而非战略决策。

● 增加机会：这里没什么交叉点，只不过企业将面临更多竞争对手，后者可能信息沟通更高效，因此能更快速地回应客户。

● 增强能力：这里有很大的交叉重叠。当同行开始采用更多自动化技术改善流程，并增强员工的工作能力时，一家企业如果因循守旧，仍旧高度依赖人与人的互动，很快就会落于人后。

● 加速：这里也有很大的交叉重叠。这个压力点最大的影响就是对客户的回应迟钝，而我们又在这样一个期待值不断提高的世界。如果悬而未决，将导致巨大的竞争劣势，并可能成为竞争对手和新进入者挑战其市场主导地位的契机。

● 网络化形态：这可能带来一些战略影响。如

第二部分
如何预见未来

果企业内部依赖电话沟通,那么很可能与客户、合作伙伴、供应链其余部分的互动也存在同样的问题(在与客户进行访谈时,这有时会作为一个单独的压力点被提出来)。

因此,宏观趋势与压力点的主要交叉重叠是,在不久的将来,内部沟通缓慢的问题可能会变得至关重要,甚至可能成为生死存亡的威胁,因为客户对沟通速度的期待不断上升,同时整个行业的自动化和能力增强程度也在提高。在宏观趋势的推动下,现有压力点的压力可能会显著增加。

形势也可能逆转:有时候宏观趋势会减轻现有的压力。举个例子,一个委托人的利润率出现重大问题,因为他必须解决人工信息处理水平的问题。

但是能力趋势清楚地显示，许多这类处理过程很快就会以非常低的价格实现自动化。因此，他们可以采取适当方式投资技术，将执行人工处理任务的员工重新安排到销售岗位上。

同理，这个过程有时候会带来全新的机遇，尤其是当特定行业里所有竞争者都感知到了某个压力点时。如果你能预见到宏观趋势将会减轻或加剧这一问题，并率先做出应对，你就能捷足先登。

对照宏观趋势确定压力点后，你就能拿到一个交叉点列表。下一个挑战是从这些交叉点中做出筛选，确定哪些会带来最大的威胁或机遇。有时候，上一个过程中发现的交叉点数量不胜枚举。你无法全都解决，也不应该尝试解决。随着时间的推移，我想出了两种不同的方法筛选交叉点：定级和分类。

第二部分 如何预见未来

用这些方法筛选交叉点，能帮助你把握重中之重。

不要担心在这个阶段遗漏了某些问题。如果它们真的至关重要，那么在你下次进行交叉比对时，它们还会出现。如果进行分类和定级后，明显需要解决的问题数量仍使你手足无措，那么可以考虑每3个月（而不是每6个月）进行一次交叉比对。

但首先要明确这些方法是否有助你集中精力。

定级：微不足道还是举足轻重

要对交叉点进行分类，可以尝试粗略地估计其影响力的级别。但这并不适用于所有交叉点，比如，与形态趋势重叠的交叉点通常难以估计其级别。但对于与选择、速度和能力相关的问题，这个方法效果显著。

在开始为交叉点定级之前，要先选择一个可以

衡量其影响的指标。举个例子，这个交叉点是否会影响利润、边际收益或收入？以上各项都可以用数字来衡量。这会影响到你每年需要招聘的新员工人数吗？或者是否会影响到你产品每次迭代的周期，进而要求你提高更新频率？所有这些都可以用数字进行估计。

这些数字不需要很准确，只要数量级正确就行——其数量级是个、十、百、千还是万？或者，换一种说法，是五分之一、五十分之一还是五百分之一？之所以要这样定级，原因马上就会揭晓。

一旦你选好了指标，看看你能否确定这些交叉点对其的影响有多大。再说一遍，无须做到很精确，只要数量级正确就行。所以，影响程度是1%、10%、100%还是1000%？

第二部分
如何预见未来

比如：

● 想象你正在分析能力趋势对当前职工所面临挑战的影响。你可以给全体职工或受雇于特定岗位的员工设定一个数值。自动化会使员工数量缩减0.5%、5%还是50%？

● 至于选择趋势，新的竞争可能会压缩你的边际收益。你同样可以给利润率设定一个值。新的市场进入者可能会使你的利润率降低1%、10%还是100%？

你需要找出那些影响系数超过50%的交叉点。除非相关交叉点能使你的利润率、员工数量或任何其他指标减半或翻倍，否则可以忽略不计。举个例

子，如果你认为变化幅度为 ±20%，那就标记为不重要。这看起来变化显著，但你应该会发现，还有许多交叉点的影响程度更高。

有时候，你可以给这些数值设定最大范围。不用束手束脚，想一想互联网给音乐零售带来的成本差异。数字音乐零售商不需要运输，不需要在商业街开店，并且据我估计，员工会减少为原来的1/200。如果你对2015年左右的音乐零售商进行交叉比对推演，你可能会对利润率、员工人数等因素的影响给出一些非常极端的数值。

分类：紧急、重要、生死攸关

紧急/重要矩阵（Urgent/ Important matrix）由美国总统艾森豪威尔首创并在史蒂芬·柯维（Stephen Covey）的《高效能人士的七个习惯》

第二部分 如何预见未来

(*The 7 Habits of Highly Successful People*)一书中发扬光大,这是一个不可多得的待办事项整理工具,能帮助你把真正的领导任务从日常琐事中剥离出来,后者常常使你不堪重负,无法进行战略思考。我们还能用这一方法对交叉点进行分类,尤其适用于那些看似重要但难以清晰估计其影响级别的交叉点。

我们再一次用到 2×2 矩阵,一条轴线上标出"紧急"和"不紧急",另一条轴线上标出"日常经营"和"生死攸关"(见图 9-2)。

● 日常经营的问题对照常营业的影响微乎其微。这些琐事可能充满挑战性和破坏性,但对业务并不构成严重威胁,也无法创造新业务。现有程序就能消化这些问题并做出相应的处理。

- 生死攸关的问题可能中止业务的存续，或者创建新业务。这些问题需要新的应对方式，如果很紧急，那就需要速战速决。

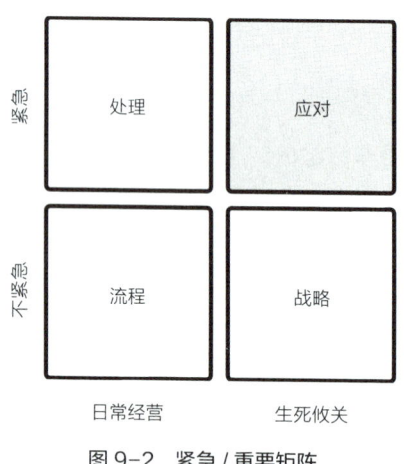

	日常经营	生死攸关
紧急	处理	应对
不紧急	流程	战略

图 9-2　紧急/重要矩阵

看看能否将你的交叉点填入这个矩阵。只有那些填入生死攸关方框的问题值得关注，除此之外的都可以筛选掉，并交由现有的项目开发或问题解决系统处理。

🕐 五个就好

无论你是选择定级还是分类，目标都是为了筛选出大约 5 个交叉点，你将在这一轮中对其采取行动。如果超过 5 个，那么你应该返回上一步流程，或把其中一些留待第二波行动解决。即使是规模最大、资源最丰富的企业，也很难同时应对多个真正举足轻重的机遇或生存攸关的威胁。在现阶段，重点关注影响最大的 5 个（或 5 个以下）因素。

试图大包大揽可能会削弱推演的效果，最终顾

此失彼、劳而无功。远见卓识往往能催化变革，而这种催化需要众志成城、专心致志。

🕐 如何预见未来

以下是第二部分的摘要，当你规划未来时，需要记住这些关键点：

● 研究组织的"三视界"。在各个阶段可能面临哪些内部和外部的威胁和机遇？如何未雨绸缪？

● 每隔几年进行一次情景规划，以确定长期战略和方向。

● 将交叉比对模型融入日常运作中。每6个月分析一次组织或部门即将面临的机遇和威胁。

第三部分

快速响应

现在你已经掌握了一些战术,能够收集和解读数据线索,为未来保驾护航。下一节将帮助你根据经验教训,使企业未雨绸缪、快速应对。

第十章
一针见血、快速决策

你的企业做决策需要多久？在这个高频变化的商业世界，大部分人都觉得答案总是姗姗来迟。从最简单的休假批准或签署支出，到关于进入新市场或投资新产品的战略决策，我总是听到委托人企业的员工抱怨事情进展太慢。如果不是委托人在抱怨，就是客户在抱怨。

决策缓慢会导致两大威胁。竞争威胁显而易见：如果你不能快速做出关键战略飞跃以解决风险或抓住机遇，那么就可能被竞争对手超越——尤其是近年来一些灵活的新进入者让许多知名企业措手不及，比如媒体

界的网飞（Netflix）、英国银行斯达令❶（Starling）和汽车企业特斯拉。你的客户关系也面临挑战。我与需波❷（Demandware）[即现在的销售商务云（Salesforce Commerce Cloud）]于2016年进行的一些研究显示，零售客户最是看重服务速度，我坚信这在企业对企业环境中也是一样。人人追求速战速决！

我将用2种方式说明如何加快决策，从而使你的企业能经受未来的考验。一是向企业边缘部门下放权力，为边缘部门的员工赋权，以提高响应能力。二是提高上传下达的效率，使你这样的领导者能快

---

❶ 一家总部位于英国伦敦的数字银行，专注于活期和商业账户产品。——译者注

❷ 一款成熟度很高的电子商务平台。——译者注

第三部分
快速响应

速做出战略决策。

🕒 双速思维

企业是否建立快速响应的文化关乎企业能否长盛不衰,其关键在于各层级能否做出正确的决策。当然,欲速则不达,有时需要慢条斯理、实事求是的战略决策。关键在于因时制宜,正如阿莫斯·特沃斯基❶(Amos Tversky)和丹尼尔·卡尼曼❷

---

❶ 美国行为科学家,因对决策过程的研究而著名。——译者注

❷ 最有影响力的心理学家之一,2002年诺贝尔经济学奖获得者,著有《思考,快与慢》(*Thinking, Fast and Slow*)等。——译者注

（Daniel Kahneman）指出的人类思维有两种速度，企业也必须具备两种截然不同的决策速度：

速度1——经营决策。这指的是企业日常活动；关于客户信用、销售、谈判、批假、聘用等事项的决策。在这些问题上，任何延误都会有损于客户服务和业务绩效。针对这些事项的决策必须快速、直接、自动化。

速度2——战略决策。当考虑更广泛的战略决策（比如是否投资业务方向，是否涉足新市场，以及关键合作伙伴的选择）时，采用这种思考方式。这是一个慢条斯理、深思熟虑、攻坚克难的过程。这需要考虑五花八门甚至相互冲突的意见和数据。这里的挑战不是快速决策，而是基于所有可用数据做出的最佳决策。这两种决策思维方式大相径庭，

第三部分 快速响应

在着手处理手头的任务之前,必须意识到应采取哪种思维速度。

无论你的团队选择快思考还是慢思考,挑战往往在于能否尽可能早地获得决策所需数据。但是让我们从了解当今信息流速度之快开始,先讨论经营决策。

灵活变通——经营决策

今天,哪些因素导致你的企业决策速度慢?我听过许多故事,有的抱怨官僚作风不知变通,有的表示人们推迟决策只是因为他们觉得自己没有信心或权威去做决定。这些问题也困扰你的企业吗?

使用本书前文所列关于内部压力点的问题,通

过问卷调查企业员工在履行业务职责时面临的压力点。对于不必要的繁文缛节，可能有些明显迹象，比如：

● 客户信用审批时间太长。相关请求必须提交我的领导以及我领导的领导，层层审批。

● 只不过想得到半天休假的批准，就需要3个领导签名，我不得不花大量时间去找领导们。为什么领导不能直接说批准或者不批准？

● 改变销售决定可能需要3天时间，因为需要先获得相关人员的签字。这意味着我们对新闻和事件的响应不够快。

● 我们有一个又一个委员会。每一条信息在抵达决策者之前，至少要经三人之手，到那时，信息

第三部分
快速响应

已经过了时效性。

这些都是现实世界的例子，要么来自我在委托人企业中工作时收到的反馈，要么来自我的培训课程参与者的分享。他们来自各种各样的企业，比如法律事务所、小型家具制造商、超市和软件企业。通常情况下，企业越老，官僚机构的层级就越多，人们越没时间质疑这些层级的合理性。他们只是因循守旧，直到有人指出事情不一定非得这样。

在一个由全球制造商的财务团队成员举办的研讨会上，我听说了这样一个例子：

几年前，我们的企业在销售过程中饱受行政负担困扰。由于数年之前的一笔坏账，我们降低了销

售的信贷限额。对于任何超出限额的交易，销售人员都必须拿到多位高级经理签字。这降低了响应客户的速度，消耗大量销售和行政资源。

我的任务就是解决这个问题。我先研究了可以简化信息流的软件系统。但我很快意识到，最简单的解决方案就是提高信贷限额。不需要提高太多就能大幅减少需要上级审批的交易数量，这立刻提高了相应客户的速度，为处理相关工作的销售人员、主管和管理员节约了大量时间。

你的同事可能也有类似经历，只要简单检查一下压力点，就能发现问题所在。找出这些问题，是解决经营决策障碍的第一步。如果你想进一步探究这个问题，可以从以下问题入手：

第三部分
快速响应

● 支出流程：主管和财务团队在支出流程上浪费了多少时间？这引起员工的不满，因为这些宝贵的时间本可以用在别的地方。

● 订单处理：下单到发货或下单到付款流程中需要重复录入多少次数据？我常常发现，领导者认为有投资软件和硬件就大功告成了，但现实却充斥着各种杂乱无章的变通办法。

● 预算审批：编制年度预算通常是财务部门最耗时的一件事。在许多企业里，这依然是一个充斥着电子表格纠纷和部门间争端的"噩梦"。

● 新员工入职：新员工通常是企业官僚主义泛滥的最大受害者，因为他们为了跟上节奏在各种谈话和表格之间团团转，努力工作并适应所有新系统。

这几个例子只是抛砖引玉，希望你能有所收获。我远不能罗列出全部问题所在，但如果你在企业的一个地方发现了问题，那么你很有可能也会在企业的其他地方发现问题。

你可以尝试逐个纠正压力点推演中发现的问题，但如果问题太多，那么可能意味着企业中存在更广泛的文化问题。关键原因之一是权力过度集中，我将在第十一章中进行讨论。

战略决策速度

哪些因素会影响战略决策？你做出重大决定的速度有多快、有多大的把握？决策本身耗费多少时间，收集证据和论证又需要多少时间？这些决策在

第三部分
快速响应

多大程度上基于硬数据[1]（hard data），在多大程度上基于直觉和第六感？理想状况下，决策既要基于经验证据，也要基于人类判断。硬数据大多无法统揽全局。短时间内，领导者也不太可能放弃基于经验和直觉做决定的方式。但在当今这个世界，优质数据的可及性日益提高。我们也很容易就能以易于理解和令人信服的形式呈现这些数据。决策者可能根据直觉一锤定音，但如果能获得数据，就没有理由在没有数据的情况下做出决定。

想想以下情况：

---

[1] 硬数据是指客观的实际数据，相比之下软数据一般指较为主观的调查类的指数。——译者注

- 你的企业正在考虑进入新国家。
- 你的企业正在考虑投资新产品线。
- 你的企业正在考虑增加投资。

对于上述各种情况，考虑以下这些问题：

- 有多少数据支持这一决策？
- 收集和展示相关信息花了多长时间？
- 对这些数据的质量和透明度你有多大把握？

在每种情况中，推动决策所需的数据部分来自企业内部，包括你的财务系统、营销数据和经营体系，比如库存管理。部分来自外部，包括市场调查、分析师报告、合作伙伴和供应商或外部咨询公司。

第三部分
快速响应

这些数据在抵达最终决策者手上之前,通常经多人之手,导致两大常见问题,这在我接触过的企业中见得太多了。

首先,数据的整理和展示旷日持久。这耗费大量人力,通常由财务或营销团队的人员承担。尽管这些数据处于企业系统内,但往往分散在不同地方,以不同格式存储。数据的置信度也千差万别。根据软件公司优波斯(Prophix)的全球首席财务官进行的一项调查,只有20%的人完全信任其系统内的数据,有60%的人表示他们"大部分时候"信任其系统的数据,这意味着每次要求他们回答业务问题时,都需要对大量的事实进行核查和验证。这或许并不令人意外,因为同一个研究还显示,四分之一的企业仍然将所有财务数据保存在不同的电子表格中。

其次，对数据的解读常常用于支持那些希望推动决策的人的信念或兴趣。这样做的目的，有时候是避免对准备或批准数据的人造成负面影响（曾有人对我解释说，这叫"推卸责任"）。如果数据显示某单位表现不佳，其领导可能希望轻描淡写地一笔带过，甚至通过调整数字所涵盖的周期或将额外的收入来源包括在内来美化数字。相关人员可能信誓旦旦地表示，这就是他们对形势的公正描述。有时候，数据经过"修饰"之后，能更清楚地迎合某一特定计划。重申一遍，这可能不是有意欺诈，而是相关人员为他们全心全意相信的计划呈现出最有说服力的故事。

这两个因素共同导致的结果是，决策本身往往姗姗来迟，而决策所依赖的证据又不太透明。你如

第三部分 快速响应

何确定自己的企业也是这样？这里有一些线索可供参考：

● 如果你要求员工提供关于特定绩效数据的报告，然后他们表示需要安排一些分析师抽出时间编写报告，那么做分析的人可能加班加点或临时抱佛脚。可能两种情况都有。（理想的情况是，你可以自助获取这些信息。）

● 如果你收到的报告在表述上修辞过度，那么这可能不是个好兆头。你要的是一目了然的图表或数字，可能附上一点说明文字。然而，如果你拿到16页的演示文稿，对于解释数字背后的意义可能过犹不及。

有时，对数据的干扰甚至在数据到达企业之前就已经发生了。比如，曾有一次，一家公关企业的董事总经理请我看一下他的企业并对面向未来提供一些建议。那家企业小有名气、利润丰厚，工作成果有目共睹，但还有进步空间。

我先从压力点分析开始，通过邮件问卷对全体员工进行了访谈。我很快就搞清楚，员工耗费超乎寻常的时间与委托人沟通，尤其忙于编写报告。这些报告大多只是重复了他们从外部媒体监督机构收到的报告。

与委托人的沟通当然很重要，但在许多情况下，人们花在沟通结果上的时间两倍于实际所需。这对于企业交付成果的表现和潜在的利润率以及委托人的投资回报都造成了负面影响。

第三部分
快速响应

我建议该企业停止重复报告,将所有报告直接转发委托人,强调这样能提高透明度,并且将其他一些报告任务自动化。

想一想你的企业。在上述情况中,你能够快速获得原原本本、准确无误的信息并做出决策吗?是否会因为相关证据姗姗来迟、质量低劣或文饰过多而导致决策被拖延或受到不当影响?信息从来源到达决策者案头需要经过多少手?这对于数据的透明度有影响吗?

战略远见源自精益经营

从上述这些糟糕的经营决策例子中,你可能注意到,问题一直层层上推。当企业边缘部门的基层

员工没有足够的自主权和责任解决问题时，就转而向上级求助。这占用了管理时间，使管理者没有多少时间关注攸关企业生死的重大挑战，无力进行更宏观的战略思考。

对维持经营活动的流程和技术的疏忽也会对战略决策产生类似的不良影响。如果财务团队完全疲于结算年度账目、编制报告或与预算做斗争，他们自然没什么时间做预测或进行财务规划，或者根据他们从财务数据中总结的趋势向企业其他部门提出建议。Prophix 首席财务官的报告显示，10% 的企业预算编制周期使财务团队焦头烂额 3 个月以上。更有 43% 的企业承认预算编制流程耗时太久。同样的问题在企业其他部门也是比比皆是。如果仓库仍然采用人工处理方式，系统就毫无透明度可言，关

第三部分 快速响应

键信息会滞后。我们不可能在经营决策与战略决策之间划清界限,理由如下。

🕒 评估战略决策

关于企业的决策速度,最终你必须问自己以下几个问题:

信息抵达决策者手上之前,在企业中转了几道手?选择某个信息流,经营性的或者战略性的都行,记下方案通过的步骤数量或转手次数。

这个过程有多快?可以按小时(或更常见的,按天甚至按周)计算。

数据在传递过程中受到多少干扰?这些信息被重新解释或重新呈现的概率有多大?比如,传上来

的是原原本本的报告（在这种情况下，受到干扰的机会不多），还是数据被提取后在演示文稿中重新呈现，或者是美化后叙述性更强的报告？

解释数据的意义需要做多少工作？你企业的数据触手可及吗？在回答业务提问时篡改数据容易吗？

最终决策是否及时做出？一旦提交证据，决策速度有多快，是否会因为企业信心不足或责任不够明确而导致不必要的延迟和拖延？

思考一下这些问题，你很可能就会发现那些耽误和干扰企业决策的关键问题。

第十一章
赋权员工，各尽其才

在这个时代，你不能再用命令和控制的方法来经营一家大型企业。这只会带来拖延和低效。响应客户偏好和市场需求的好方式是对员工放权、鼓励自主性。

作为领导者，你必须对所需的文化变革负起责任。这意味着，确保你的员工具备做决策的技能、指南和工具。最关键的是，在他们做决定的时候给予支持，无论他们是对是错。当员工在你授权的范

围内做出决定时,你必须向企业其他部门对该决定表示肯定。否则,你所做的一切不过是延续了无人担责、畏首畏尾的文化。

——伊恩·斯图尔特(Ian Stuart),汇丰银行英国子公司首席执行官

现在你已经评估了企业决策的灵活性,可以开始思考如何简化这些流程。最简单的方法是,将权力从自上而下的指挥和控制层级下放给最接近市场和客户的决策者。对于提升响应市场信号和客户诉求的速度而言,这可能是性价比很高的方法。这并不是说权力下放没有代价,这会影响到你的招聘和培训。它当然也有风险,未来会变得更有挑战性。

许多领导者习惯了集权式的经营文化。过去通

第三部分 快速响应

过责任上移或者在回答问题之前集思广益、便宜行事，就能降低最终答案的风险，但如今这一套已经行不通了。下放决策权的文化看起来与我们习以为常的方式迥然不同。即使我们明确这是正途并决心推进，我们还是得首先培养一种创业文化，即推崇自下而上的领导力和创新性，以激励员工承担责任。

一些企业已经快人一步，德国连锁超市奥乐齐（Aldi）和丽都（Lidl）就是其中的典范。人们将2013年至2017年它们店铺数量的快速增长归因于其商品的物美价廉和朴实无华。但是人们往往忽视了授权文化对Aldi和Lidl取得成功的重要性。Aldi的苏格兰董事总经理理查德·霍洛韦（Richard Holloway）在一次采访中表示：

Aldi 的区域管理毕业生计划不适合缺乏自信的人。为期 1 年的培训计划进行到第 14 周时，你就可以管理自己的店铺了。完成培训后，你通常会管理 3 到 4 家店铺。那些天然具备领导力并勇于迎接挑战的毕业生可能最能适应这一培训计划，因为毕业生零售管理计划对负责人的要求异常高，其毕业生也表示这些培训计划"要求苛刻"。

Aldi 和 Lidl 的成功之道在于向企业边缘部门放权，这种放权使员工即使在极富挑战性的环境里也能"茁壮成长"。在我的大部分所见所闻和亲身经历中，都是少数掌权者决定着绝大部分人的行动。但这可能有所改变，部分是因为形势所迫。

第三部分
快速响应

🕒 合作领导

向企业边缘部门下放权力是必然之举。我们不仅赋权员工,使其与我们的客户和合作伙伴打交道时各尽其才,而且鼓励他们向企业提供反馈。在过去几年里,这一变化已成为不断发展的合作领导文化的一部分。

在我们的印象中,企业领导者都是强势果断的人,他们独断专行,坚定不移地推动企业向前发展。但在一个复杂多变的年代,这种做法风险很大。现在我们的市场和企业都更加多样化。手头上的信息比以往任何时候都多,机遇与风险也更多。没有人能事无巨细、亲力亲为。因此,高明的领导者开始认识到,最好的方法不是一直发号施令,而是经常

提问。在企业上下集思广益，调动众人为其筛选大量的信号和可能性。

无论你在哪一个领导层级，你都能开始落实某些合作领导的经验教训。步骤有三，简单易行：

（1）坦然承认自己不懂。如果你感到难以启齿，不必大声说出来，至少一开始不需要。但要认识到，作为领导者可以不知道答案并向团队请教，这没什么大不了的。

（2）不耻下问。向你的团队证明，你不仅珍视他们的工作，而且重视他们的专业知识、意见、建议和独特视角。

（3）从善如流。认真倾听并切实考虑员工的意见和反馈，以此证明你重视他们的贡献。对于最终

第三部分 快速响应

的方案,你要说明原因,并对相关建议给予应有的肯定。

权责下放、鼓励自主

我们工作是为了得到成功的机会、实现自我价值,并因此获得经济回报和自我认可。当我们做出成绩时,我们感觉良好,而出色的工作理应得到良好的反馈。要做好工作并发挥我们的最大潜能,需要具备两点:责任感和自主性(见图11-1)。

责任感意味着对问题负责。自主性意味着能够自行决定如何解决这些问题。如果我们拥有责任感而无自主权,那么我们只能听从别人的指示。虽然

```
         ^
         │
责       │  ┌──────┐  ┌──────┐
任       │  │ 奴役 │  │ 代理 │
感       │  └──────┘  └──────┘
         │
         │  ┌──────┐  ┌──────┐
         │  │ 苦差 │  │ 无聊 │
         │  └──────┘  └──────┘
         │
         └────────────────────> 自主性
```

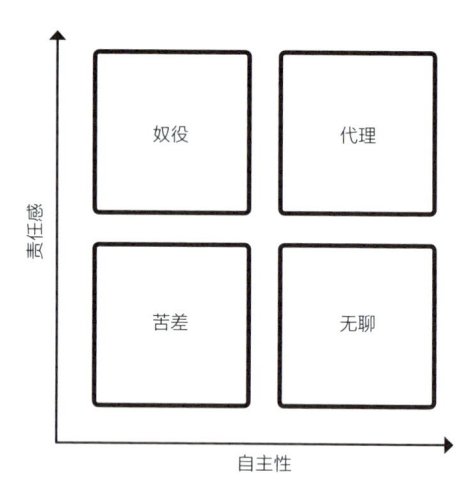

图 11-1　责任感和自主性

我们可能工作很努力，但我们永远无法突破自我、实现成长。如果我们拥有自主权而无责任感，就会没有斗志。如果我们无所事事，也就没有机会实现价值。如果既有责任感又有自主性，我们就有机会追求充实而有价值的职业生涯。

第三部分
快速响应

面向未来的企业旨在赋予所有员工责任感和自主权，因为如此一来能够充分发挥员工的工作价值。我们都希望员工乐在其中、充满热情。

伯明翰大学（University of Birmingham）的一项研究显示，提高工作自主性对员工的整体幸福感有积极影响，其工作满意度也更高。遗憾的是，该研究还指出，尽管有这些好处，管理者仍不愿意授予员工更大的自主权，因为他们的主要作用还停留在"控制和榨取价值"。

将权力下放至企业边缘部门，能提高对客户、合作伙伴和市场的响应度，因为信息不必层层上传，就有人能做决策。这还能提高生产力，因为你能充分利用每个员工的价值，同时给他们带来更好的工作体验。唯一的挑战在于克服对放权的恐惧，这意

味着管理风险。

🕒 管理风险

在整个企业下放权力有什么弊端？这会带来风险。决策权扩大意味着可能犯错的人更多。决策签署前知者甚少意味着制衡也更少。分权好处多多，但前提是这些风险能够被抵消。管理这种风险对授权至关重要。这需要重视几个方面：规则、信任和支持（授权职责时）、自信、权威和技能（授权自主性时）。

规则

界定新系统中的责任归属是从中央下放权力的一个关键步骤。每一位新获授权的工作人员都需要

第三部分 快速响应

清楚地知道自己的职责是什么以及必须在什么范围内开展工作。这需要记录在案并清楚地传达给每个相关人员,即每个工作人员、其部门经理以及高层领导团队。

当决策权限模棱两可时,需要与上级领导保持清晰的沟通。如果授权行之有效,那么管理人员的工作负担应该能大大减轻,能拨出更多时间解决这些问题。

可能有哪些职责界限?这里有几个例子:

- 预算支出——单个项目或期间总支出。
- 销售折扣。
- 客户信贷决策。
- 任命合作伙伴。

- 营销信息——比如为社交媒体创作内容。
- 解决投诉。

这可能看起来显而易见,但在很多企业中,这些流程的集中程度仍然令人吃惊。

信任

如果你打算向企业下级放权,就要用人不疑。有一部分是你自己的问题:放权很难,你不可能与每个被赋予决策权的人建立一对一的关系。这也是为何你制定的流程和建立的结构如此重要。你可能无法信任每一个人,但你应该对其所在的系统和流程保持信任。

最大的问题可能是中层管理人员能否信任下级的报告。管理人员往往认为他们的主要作用是"控

第三部分 快速响应

制和获取价值",这与赋权和提供支持相反,或许这正反映了最需要培训和发展的点。

支持

一旦有人决策失误,会发生什么?当他们行使被赋予的自主权时出了问题,怎么办?答案是,必须给予他们支持。必须让他们知道,其部门经理以及高层领导坚定不移地支持他们。只要他们没有越界,就应该表扬其做出的决策。否则会扼杀新生的创业精神和分担责任的文化,会让员工对做决策产生恐惧。

这并不是说犯错的人不应该纠正错误,也不是说可能需要对规则、政策或培训做出调整。其实大多数情况下并不需要做出什么改变。业务出差错,我们就吸取经验教训。企业中的每个人都应该从错

误中吸取教训。但必须想一想缓慢僵化、一成不变的业务会对企业和客户造成多大的影响，这样就能正确衡量决策失误的成本。

被授予责任和自主权的员工必须知道，他们可以犯错，而且其职业发展不会因为一次错误而影响。但他们还需要各级的支持，以最大限度地减少错误发生的可能性，这些支持包括与高层领导建立明确的沟通渠道，得到与时俱进的指导和培训，同事之间的支持——这能源源不断地带来知识和信心。

自信

你的员工对自主经营有信心吗？这显然是一个个人问题，而且每个人都需要通过不同程度的辅导和发展来培养他们的信心。上班第一天就信心满满的人，既可能带来风险，也可能成为资产。因此要

第三部分 快速响应

研究能够促进员工发展的辅导计划。

权威

信任问题直接关系权威问题。当员工行使权力时，特别是如果他们相对资历较浅且缺乏经验时，那么与他们互动的人必须理解这种权力的范围。如果同事总是质疑他们的决策，或者客户总是要求和经理说话，那么就会触及某人的权威问题。

培养员工的自信能解决一部分问题。但是有些工作场合仍存在文化问题，导致人们因为年龄、性别等而低估甚至拒绝承认他人的权威。这种问题有时候很严重，必须施加处罚。但是你也可以在早期采取积极措施，改变企业文化。

设置其他的权威象征也能改善局面。尽管在这个商业网络化、层级扁平化的时代，过分讲究头衔

可能显得有点小题大做，但对许多人来说，头衔仍然是一个重要的象征。虽然情况依旧如此，但头衔确实有助于行使权威。

技能

你需要培训员工，使他们能够利用你赋予他们的责任，行使他们的自主权。这可能是一系列技术性硬技能或软技能，具体取决于其角色的变化。

在我看来，技能发展项目应侧重三大明确领域：

- **策展**：你的员工必须善于发现和鉴别信息。这包括有效的网络搜索，询问客户投诉以了解其根本诉求，或者处理数据集以提取意义和价值等。

- **创新**：你的员工需要具备创新能力，从而构建新的解决方案。他们需要知道如何试验和迭代，

第三部分 快速响应

如何收集反馈,如何兼容现有的想法并推陈出新。与普遍的看法相反,创新能力可以通过学习获得。

● **沟通:** 你的员工必须能够向客户和其部门经理"推销"他们的想法和解决方案。这意味着具备有效沟通的信心和能力,无论是以书面、口头或是视觉形式。

据我所知,企业的培训和发展项目很少聚焦于高度可迁移的软技能上。然而对于几乎每个职场人的工作而言,这些软技能的重要性与日俱增。

检查清单:责任感与自主性

表 11-1 总结了企业员工承担起责任并实现半自

主式经营必须做到的几件事,以及如果做不到,该怎么办:

表 11-1 企业员工必须做到的几件事

责任	自主
规则 员工的责任范围清楚吗? 他们是否理解越界的后果? **措施**:如果答案为否定的,那么就必须明文写下规则或者和他们好好沟通。 但是,随着员工在各自岗位的成长,需要更新规则,以便员工继续各尽其才。	**自信** 员工对自己自主经营的能力有信心吗? **措施**:可能需要额外的培训或支持,或许跟着更资深的同事学习或搭档一段时间。

第三部分 快速响应

续表

责任	自主
信任 你以及他们的部门经理、同事和直接下属对他们有信心吗? **措施**:责任归属必须明确。 如果部门经理事无巨细,什么都要管,那么基层员工很难站出来承担责任。 确保审查能够发现此类问题,并将在管理培训中加入适当的指导。	**权威** 他们的同事、合作伙伴和客户是否清楚他们的权限? **措施**:权威的形式有很多,但并非所有形式都是积极的。 比如,有人仍然基于年龄、性别等看待他人。 如果员工中有此现象,那么必须采取相应的惩罚措施。 如果不便直说,就想办法用各种象征帮助员工展示他们在各自领域内的权威,比如设置恰当的工作头衔,针对有效沟通提供技能培训等。

续表

责任	自主
支持 即使是最自主、最自信的员工，也需要与其上级保持畅通的沟通，以核对并确认某些决策。确保这些途径畅通，只要相关员工没有越界，上级的反馈信息就始终是表示支持。 措施：检查沟通渠道。 你或者部门经理哪些时间有空？ 响应下级询问需要多久？ 如何传达这种响应？ 响应是否积极？	**技能** 没有适当的技能，任何人都无法自主行事。 培训是扩大企业边缘部门自主性的核心，必须持之以恒，使员工能够不断提高能力。 措施：检查你的培训计划。 它们只是例行公事还是确实能够赋予员工采取行动的技能？ 不要只培训技术技能，还要培训软技能，比如探索、创新和沟通技能。

下放权力

向企业边缘部门下放权力，赋予相关员工责任以及行使责任的自主性有诸多益处。首先，这减少

第三部分 快速响应

了信息、询问或建议得到处理之前所要经过的流程，加快了对经营问题的响应速度。其次，这为高层管理人员和领导者腾出时间，使他们有更多的余地专注于更具战略性的决策。最后，这能释放更多企业资源，使员工工作更投入、热情更高。这样做带来的风险必须加以控制，但是其回报证明值得冒险。

第十二章
当机立断

领导者必须能够领导企业。即使权力分散了,仍需要有人对企业的整体方向负责。为此,领导者必须集思广益,并且能够高效地将决策下达到整个企业。

普华永道(PwC)第 22 期全球首席执行官调研显示,在领导者视为良好决策所需的信息与实际所能获得的信息之间,存在巨大鸿沟。尽管 94% 的受访者表示,关于客户偏好和需求的信息至关重要,但只有 15% 的受访者认为他们拿到了全面的客户信

第三部分
快速响应

息；92%的受访者表示财务预测至关重要，但只有41%的受访者表示拿到了相关信息。很明显，正确的信息并未在正确的时间以正确的形式抵达正确的人手上。

有鉴于此，Gartner前分析师，德雷斯纳咨询服务公司（Dresner Advisory Services）的创始人，"商业智能"这一术语的发明者霍华德·德雷斯纳表示，企业必须追求"当机立断"。他表示，必须在整个企业中利用好"信息民主"，使各级人员可以根据可靠的数据快速做出决策。用德雷斯纳自己的话说就是："我们所谓的'当机立断'，指的是企业即时处理大量数据和信息，并为不断增长的用户群体提供可操作的见解的能力。"

我理想的状况是，企业里具有决策能力的每一

个人都必须具备数据素养。领导者不该依赖少数财务、营销或战略职能领域的高技能人员为其进行数据分析。这意味着他们需要接受培训、掌握工具，自己从原始数据中得出结论。他们还需要掌握汇报能力，以清晰易懂、前后一致、令人信服的方式呈现这些数据，以便与他人交流结论。这对于企业的技术投资、技能培训和人力资源都有影响：聘用谁？如何培训？什么技术适合给他们使用？

◉ 自动化和能力增强的时代

德雷斯纳强调数据处理必须"即时进行"。如果数据的整理以及将其转化为信息的过程需要耗费数月时间，你就无法即时处理数据。面向未来的企业

第三部分
快速响应

员工必须触手可及有用的信息,这样才能让信息有效地指导自己的业务。这些信息必须实时可得,而不是延误几天、几周或几个月才能拿到。

这一挑战的解决之道,是确保大部分数据处理自动进行,无须人工。因此,数据处理不能成为少数专家的自留地。如果你要充分利用数据的价值,就必须借助机器的帮助。

这凸显了这一转变的有趣背景:自动化和人力增强。

今天,横跨多个系统的数据堆栈搜索业务答案,是专家的工作。但如果把这些数据整合到一起,然后在机器的帮助下提取所需信息呢?那么,企业中的任何员工只要稍加培训,都能获得其所需的答案。

过去几十年来,从技术上说,将我们五花八门的企业数据（财务、供应链、营销、人力资源、采购等）整合为一个单一的、连贯的整体完全可行。但这既昂贵又复杂。结果是，大型企业的系统仍旧杂乱无章，这些系统依靠具备专业人士的善意和努力维系在一起，他们能在必要的时候（比如编制年度预算或回答投资者或监管者的问题时）把所有系统整合起来。

但随着技术日渐成熟，系统整合的价格和方便度愈发具有吸引力。大部分年轻企业都将在一个内部开发或外购的单一系统上运营。或者更有可能的是，它们会使用一整套不同的系统，这些系统在构建时已经考虑了互联问题。其设计本来就可以在系统之间进行数据共享，无须后续升级。老一点的企业已经慢慢地开始将他们的各种数据集整合成某种

第三部分 快速响应

连贯的整体。

基于这种连贯的数据存储,你可以应用现代化的数据查询工具,无论是基于图形用户界面(GUI)的报告工具、企业绩效管理系统(CPM),还是最新版的商业智能(BI)。你不必在电子表格中埋头苦找就能拿到你想要的答案。

机器学习的出现使这一流程向前迈了一大步。现在,机器能够主动帮助你找到你想要的答案,甚至还能够根据对业务的了解,提出某些分析意见。

人的因素

上文描述的技术并非天方夜谭,而是已成现实。只不过我们需要很长时间才能充分发挥这些技术的

潜力。毕竟大部分企业仍在研究如何充分发挥微软办公（Office）软件的价值，Office已经存在三十余年了！但这些技术并不能提供完整的答案。技术使我们能够实时收集数据，部分实现自动化处理，并以动态方式呈现这些信息。但是，除非企业里的使用者具备运用这些数据改善日常业务、推动决策优化的技能，否则这些技术毫无价值。

将数字转变成洞察力既涉及数据处理和分析的技术挑战，又涉及叙事的技能。只有当整个企业的数据素养技能普遍提高，才能实现信息民主化。

我们每个人都需要具备探索和量化的技能，识别知识和理解差距的能力以及搜索数据弥合这些差距并进行验证的能力（即"策展"）。我们必须操纵、应用这些信息，并将其转化为有价值的东西（即

第三部分 快速响应

"创新")。然后,我们必须向同事和客户推销这些创新方案,用引人入胜的故事进行包装(即"沟通")。

拥有这些工具和技能的领导者,能够对形势洞若观火,居高临下地推动决策。而那些仍旧依赖分析师团队在良莠不齐的数据集里争论答案的人,将明显处于不利地位。按照以下步骤做,确保你属于前一类人:

● **评估**:检查你的报告、预算和预测是如何编制的。是运用了适当的工具,还是基于一堆乱七八糟的电子表格?整个流程是否有据可查,还是只存在于某个人的脑子里?报告编写者对其引用的数据源有几成把握?

● **系统化**:确保流程有据可查,电子表格和报告

实现系统化，这样具备相关技能的人员才能看得懂。

● 软件：看看报告和软件，它们可以开始自动化编制预算、预测和报告流程，并通过更直观的用户界面向更广泛的人群开放业务查询。无须对现有系统进行昂贵的升级，只需要用相对便宜的软件覆盖现有系统，就能解决这些具体问题。

● 技能：围绕分析和演示的核心概念以及新软件的使用，为更大范围的员工提供技能培训。将培训作为领导层的标配。

第十三章
沟通变化

比起证据，人类往往更容易被故事打动。尽管对于证据驱动决策的讨论颇多，但许多神经科学家认为，不存在真正的理性决策。恰恰相反，我们基于数百万年进化过程中发展起来的情绪和启发做出决定。然后，我们事后诸葛亮，为我们已经做出的决定寻找合适的证据。

就个人而言，我更愿意相信，如果时间充足，我们至少可以用证据和理性来引导我们的情绪判断，因此尝试改进理性决策并非徒劳无益。但作为领导人，忽视情绪在决策过程中显而易见的力量，或忽

视故事在动摇这些情绪中发挥的作用，绝非理性或明智之举。无论我们掌握的证据多么有力，如果我们无法用叙事对证据进行包装并以此打动我们的员工、客户、利益相关方和合作伙伴采取行动，我们就不大可能有效地引导企业的发展。

这就是为什么在面向未来的企业中，讲故事的技能如此之重要。领导者通过讲故事推动变革的能力，是企业能够快速响应高频变化的关键组成部分。为帮助领导者讲好故事，我创建了一个简单的叙事规划工具。我称这个工具为"故事框"。

明天的故事

故事框有两大目的：首先，帮助你将手头上的

第三部分 快速响应

证据(无论是从前瞻性流程还是从经营信息中获得的)转化成行动;其次,用吸引利益相关方加入并催化变革的语言开始你的描述计划。这一流程能够帮助你建构并讲述故事——一个关于明天的故事。这无法让你成为侃侃而谈的演讲者,也无法使你出口成章(你恐怕得到其他地方寻求这方面的指导),但我发现很大一部分问题在于如何把挑战变成解决方案,把想法变成故事。这就是故事框的作用所在。

案例研究:能源的未来

许多年前,我受委托撰写了一份关于英国能源行业未来的报告。这是一个复杂的行业,牵涉甚广,并且在未来几年很可能经历剧烈的变动。在这里,

故事框帮了大忙。

我运用交叉比对确定了报告的核心材料,突出强调了关键的压力点以及迫在眉睫的宏观趋势可能带来的影响。但是,正是故事框让我能够以一种让不同受众(从监管机构的专业律师,到电力企业,再到工业能源消费者)都容易理解的方式撰写报告并对外呈现。

我开头先讲故事(清楚地描述了该行业的现状),然后带领每一位观众经历其转变,我撰写的报告既有可信度又引人入胜。听众中有一名律师事后对我说:"我已经在这个行业里干了18年,仍有许多事情没搞懂。你似乎只用了6周时间就对这个行业了如指掌。"

和他相比,我的理解显然相对狭隘。但交叉比

第三部分 快速响应

对和故事框使我能够迅速抓住关键点并确定行业的未来走向。

和所有的故事一样,故事框故事也有开头、中间和结尾。在每个阶段,你都必须回答一系列问题,总结见表13-1。

表13-1 故事框

开头	中间	结尾
即将发生什么变化?变化将会在什么背景下发生?	你打算采取什么措施应对变化?哪些人会受到这些措施的影响?受到什么影响?	你预计你的措施会产生什么样的后果?

开头

和所有故事一样,你的故事框故事也是关于变化的。一开头就讲述变化的动力。

这一变化的动力可以通过交叉比对流程加以确

定。你预测到哪些事件或趋势是你现在就必须做出应对的？这一动力源也可能是需要你采取战略决策并制订行动计划的任何其他业务问题或机遇。

无论是哪种方式，你的故事都要从描述这种变化动力开始。这里需要抓住的重点是，变化是什么？

- 是客户行为吗？
- 是市场竞争吗？
- 是流程或技术吗？
- 还是监管情况？

你的描述只需要用一两句话甚至几个词带过就行。看看你是否能弄清楚这些情况指的是哪个行业：

第三部分
快速响应

- "新的数字原生竞争对手正在崛起,并在客户服务领域击败了我们。"
- "市场要求每天小批量交货,我们则是每周大批量交货。"
- "新的技术层出不穷,将使我们大部分的日常工作自动化。"
- "我们的边际收益已经很低,新的监管措施还在抬高我们的产品成本。"

接下来,你需要描述这一变化的动力将会发生的背景。现在的情况如何?

一般来说,提供平时交易摘要即可,包括收入与利润、这些数字的发展趋势。资产负债表看起来怎么样?这些事实对于纵览全局非常有用,但在这

个情况下，我们需要更具体一点。我们需要将注意力集中于与变化动力特别相关的因素上，正是这些变化动力促使你讲故事。你必须全面评估企业是否准备好做出回应。如果这是一个全行业的问题，那么你可能还需要考虑该行业的应对能力如何。这里不涉及制订解决方案，只需了解作为解决方案的一部分，你企业的哪些方面需要做出改变。

在这个阶段，不必大费周折地思考解决方案或计划。当你弄明白了这些变化动力，你可能立刻就知道该如何应对了。但就算你没想到，你也能够知道可以在哪些领域做出应对。比如：

- 是围绕品牌或者定价的营销问题吗？
- 是围绕开发新产品或者服务的创新挑战吗？

第三部分 快速响应

- 是客户服务机遇吗?
- 是围绕流程、技术或基础设施的内部问题吗?

一旦你大致了解了哪些领域需要采取哪些应对措施,你就可以开始分析你是否准备好制定和执行这些应对措施。列出企业所有关键部分以及与所面临的挑战相关的其他部分。突出强调对实现计划最关键的部分。现在,根据你应对未来对挑战的能力的初步评估,在表13-2中对每一项从1到10打分。

表13-2 应对挑战能力评估表

领域	准备充分程度(1~10)
技能:在企业内或在现有合作伙伴中,是否具备应对相关挑战的技能?	
(管理层)意愿:管理团队是否参与并积极应对所提出的挑战?	

续表

领域	准备充分程度（1~10）
（市场）准备状态：市场是否准备好做出改变以回应所出现的动机？	
基础设施：你是否拥有完备的基础设施（其数量是否充足）以应对眼前的挑战？	
资本：变革可能耗资不菲。你能否提供资金？	
（人力）资源：企业相关层级的人员是否充足，还是说人浮于事？	

当你制订好了计划，可以回头重审这些打分。但这项推演很有价值，能够在没有进一步做研究的情况下，看看你对各职能的信心有多大。你对这些职能的了解足以给出答案吗？评分过程本身可能会提醒你进行某些调查。

你现在应该为你的故事设置背景。你应该能够说出当前的情况，发生的变化以及你是否准备好面

第三部分 快速响应

对这些变化。现在你有两个选择。

如果挑战很清楚,你知道必须做什么,那么你可以直接跳到故事结尾。从某些方面来说,如果你知道故事的结尾,那么叙述中间部分的剧情就变得容易得多。你心里可能有一个明确的目标,无论是建立市场主导地位,还是恢复赢利就行。现在跳到结尾,然后回到中间,想一想如何才能实现目标。

如果对于目的地不甚清晰,那么就一步一个脚印。现在来到中间部分,开始制订计划。你可以从这里开始想象目的地。

中间

你如何把故事从头讲到尾?无论你是否确定了目标,你现在都能开始制订行动计划,来回应你所面临的变化动力。

确定正确的行动方针意味着迈出重大一步，一个简单的故事框架所能涵盖的论点是有限的，但针对每一种可能的行动方针勾勒出你要讲的故事，可以作为一种不可多得的方法平衡各种选项。尝试使用以下模板构思每种可能性，看看这对不同的受众会产生什么影响。确保所列出的都是真实可行的措施，而非含糊其词的意向声明。你必须明确要做什么，哪怕在现阶段你还无法明确责任归属和最后期限。

列出选项的一种方法是，回过头查看你的故事背景和对企业能力的初步评估。你的优势是什么？面对变化动力时，这些优势能提供什么解决方案？

- 市场准备充分，并且技能和资金就位，可能

第三部分 快速响应

表明现在正是将新产品或服务推向市场的时候。

● 技能或基础设施拖了企业的后腿,那么就建议追加投资或寻找新的合作伙伴以抓住机会或解决威胁。

● 管理评分低,意味着需要解决内部沟通问题。

在叙事规划中,你必须时刻考虑到你所采取的行动对各方受众的影响。当他们听到这个故事时,他们需要了解这对他们意味着什么。每个企业都有各方受众,每个受众都是企业绩效的利益相关方。表13-3列出了你应该考虑在内的受众。

表13-3 应该考虑的受众

客户	这是一个多元化的群体。如有必要,根据客户形象进一步细分。他们出手阔绰吗?消费频繁吗?他们购买什么产品?

续表

员工	不同业务部门和职能的员工观点也不同。考虑将其细分为小组。
合作伙伴或供应商	供应链两侧的人会受到什么影响？根据规模、产品和服务以及其与你企业交叉点的性质的不同，可能有不同影响。
所有权人或投资者	这可能包括股东、母公司和董事会成员，他们都有各自的观点和目标。
监管机构	你可能受到几个不同政府机构或独立监管机构的监督。他们对变化有什么看法？

当你确定要采取哪种可能的行动方针时，务必考虑最重要的受众。考虑到需要解决的动机以及优势和劣势，哪一方可能受到最大影响？

下一步流程要求你了解每一项行动或干预可能产生的影响。能感受到影响的往往不止一个地方。企业预期到的影响，通常会促使其进行调整以便使其经营适应未来，比如降低成本、创造新产品等。

第三部分
快速响应

但是对具体受众还会有其他影响。

思考上一节在委托人企业确定的所有利益相关方。这包括股东或公民、员工和合作伙伴，供应商和分销商。各项干预措施可能对以上任何或所有群体产生影响。

干预措施对这些受众的影响很少是完全积极或完全消极的。情况往往是利弊相生。举个例子，为支持计划中的变革而发行新股可能会稀释现有投资者的持股（消极），但也可能让他们有机会以优惠的利率增加投资（积极），并带来新的股东（积极）。

结尾

故事的结尾就是你的目的地。变化动力将引导你开启这段旅程。"新大陆"看起来怎么样，是"流淌着牛奶和蜂蜜"，还是"能活着就好"？尝试描述

进行干预之后的世界。长盛不衰的企业是什么样的？你可以在这里，大笔挥洒你的想象力：金融安全、增长、提高客户满意度、改善环境绩效。后面你可以加入目标和指标来充实你的故事。但在现阶段，你只需要阐述你的雄心抱负。

你的故事模板

你必须清楚的是，你的未来故事有许多版本。对于你可能采取的干预措施的影响，每一个利益相关方都会有不同的看法。下一步，基于目前收集到的内容，把一系列陈述整合起来，构成故事的基础。这种系统化的方式无法创作一个充满诗意的故事，但这些陈述应该能够为你构建的故事奠定坚实

第三部分 快速响应

的基础。

故事开头可以是这样（括号中为你需要填入的相应内容）：

● 在（变化动力）的推动下，我们（企业/行业）正在迎来变革。

● 这一变革发生在（企业/行业的优点/缺点）的背景下。

接下来是你的行动措施和预定目标：

● 为应对这一变革，我们计划了（行动措施），以确保（目标）的实现。

最后，描述一下对各方受众的影响：

● 对于（受众）而言，这将意味着……（积极影响）和/或……（消极影响）。

很明显,并非总是同时有积极的和消极的影响,因此通常可以将其中一个删掉。立场也可能逆转,这取决于强调什么重点最合适。你最终可能会得到多个受众的陈述。

修饰

随着你的叙事逐渐成形,你可以做以下两件事。

一是增加限定条件。你可以利用针对当前问题发现的证据或交叉比对流程发现的变化动力,增加丰富性、深度和合理性。二是把相对机械的陈述打磨得更有文采。这些故事的价值仅限于推动企业做出变化。或许你文采斐然,能够为这个故事添加必要的修辞,但这项工作可能更应该交给经验丰富的沟通者或文案撰稿人进行,他们会根据你精心构建的陈述,编写一个连贯、令人信服、人们愿意买账的故事。这里的关键在于，确保你编写的故事听起来像是你自己或者你的受众的故事。

一旦你针对各相关受众编写了你的故事，下一步就是向受众展示，并提出变革的理由。很少有企业能轻易做出变革。事实上，许多企业年复一年专注于单一市场、产品或任务的优化，已经丧失了变革的能力。

第十四章
下一步

面向未来的企业是竞技型企业。它们像伟大的运动员那样:

- 敏锐地感知世界。
- 迅速做出决策。
- 训练灵活性。

你该如何打造企业使其具备这些特点?这里有一些值得参考的建议:

第三部分
快速响应

🕐 第一步：腾出时间

你之所以没有花时间展望未来，可能是因为你已经分身乏术。因此，你首先要做的，就是为你自己和支持你的人腾出时间。这意味着营造一种权力下放的文化。把一些责任分担出去。如果你身边群贤毕至，他们就能替你分担。但前提是他们也要把一些责任分担出去，以此类推，层层往下传递。

有些人会来找你，说他们需要投资技术，以提高效率。这些投资将集中在近几年不时兴的领域，因为并非直接面向客户。这些投资可能涉及技能培训、辅导或发展，也可能是人力资源部门找时间建立规则和流程，抑或许是优化系统，将当前一些工作自动化。这些投资通常多有裨益，往往对企业的

长盛不衰至关重要。而且这些投资一般耗费不大。你可以为这类促进持续发展的投资设立一个基金，人们可以通过竞标获得资金。

🕐 第二步：开始审视视界

既然你已经腾出时间，那么你就要至少投入总工作时间的 1% 审视各视界。大约每 6 个月拿出一个完整的工作日，分析你当前面临的压力以及即将到来的趋势。运用交叉比对流程，确保在这一流程中能听取企业内外其他人的意见和观点。找到同行和合作伙伴以及企业各级员工进行交流。

每隔几年，腾出时间展望未来，使用情景规划工具设想我们正在进入的世界。根据新形势重置目标，无论

第三部分 快速响应

未来即将发生什么,寻找一切你能采取的预防措施。

🕑 第三步:加快授权

继续在第一步开始的向企业边缘部门放权的流程。将其确立为企业自上而下的文化核心要素,为企业全体员工赋权,使他们充分发挥价值。通过培训和辅导提升员工积极性,确保员工明确了解工作规则和权责界限。除非有充分的理由要求集权,否则将权力下放作为一项原则。

🕑 第四步:改进信息流

检查一下有助于推动决策的信息是否触手可及。

企业中需要数据进行决策的所有人员，都应该能够获取这些信息，同时具备操作和分析数据的技能和工具。检查解决这些问题的系统、政策和培训，同时留意对隐私和监管方面的限制。

🕐 第五步：打造灵活性

开始逐个职能地将企业分解成各单元或职能部门。你可以基于企业圆环逐层次重构，或者你也可以从交叉比对压力点，发现有问题的职能入手。让团队参与流程——甚至应该让相关职能的领导带头。寻找不尽人意和效率低下的地方。鼓励各职能以创业精神思考和经营。如果没有机会创业，就要考虑一下这个工作单位是否适合你的企业。尤其要查看

第三部分 快速响应

职能之间、你与合作伙伴之间以及你与客户之间的对接。消除不良摩擦，增加良性摩擦。

🕐 一切都是为了改变

面向未来意味着不能停滞不前。不能假设今天的成功之道能永葆企业明天的辉煌。因此，改变永不止步。这也是为何我在本书中如此重视向下授权，以让你腾出时间进行战略思考和行动。提高灵活性和随机应变是企业管理的当务之急，一线员工需要考虑优化，领导者必须引领变革。最伟大的运动员并不一定是那些技术最好、天赋最高的人，而是最有远见的人。在这个高频变化的年代，只有保持远见、关注未来的领导者才能打造面向未来的企业。